Ruth Fischer

Marco Frigg

Regina Zimet

Die Anne Frank des Veltlins

Freie, teilweise Übersetzung der Autobiografie
«Al di là del ponte» von Regina Zimet-Levy,
ergänzt durch die mündliche
Überlieferung der Familie Della Nave.

Desertina

Marco Frigg

Regina Zimet

Die Anne Frank des Veltlins

Marco Frigg
Geb. 1951 in Chur.
Kaufmännische Berufslehre, Lehrerseminar.
Seit 1975 Primarlehrer in Cazis.

Mit freundlicher Unterstützung von

Kulturförderung, Kanton Graubünden
Willy Muntwyler-Stiftung
Schweizerischer Israelitischer Gemeindebund

Farbfotos: Marco Frigg
Gesamtherstellung: Casanova Druck und Verlag AG, Chur
Gestaltung: Ildikó Isabella Komáromi
Bindearbeiten: Buchbinderei Burkhardt AG, Mönchaltorf

ISBN: 978-3-85637-345-0

www.annefrank-veltlin.ch

«Du hast 'n Nerv, weisst du!»
Ein deutscher Offizier zu Regina Zimet, November 1944

«Ich habe nie gehasst; Hass zerstört.»
Angela Della Nave, Juli 2004

«Veröffentlichen Sie die Geschichte der Regina Zimet auf Deutsch! Lassen Sie die Zeitzeugen aus dem Veltlin zu Wort kommen; es gibt immer weniger davon!»
Werner Roth, Februar 2005

«Ich autorisiere Sie, das Tagebuch meiner Frau zu übersetzen; vor allem auch für Ihre Schüler. Danke – und viel Glück.»
Ephraim Levy, 11. Januar 2006

«Fragen Sie; fragen Sie, so viel Sie wollen!»
Luigi Della Nave, Mai 2007

«Es war eine schwere und schlimme Zeit – damals!»
Giovanni Della Nave, Juli 2007

Herr Ephraim Levy hat mir die Bewilligung für diese Publikation erteilt. Ich danke ihm für sein Vertrauen.

Ein spezielles Dankeschön gilt der Familie Della Nave, insbesondere Angela, Zita, Carmen, Luigi, Lodovico und Giovanni. Ihre Ausführungen sind in die Erzählung eingeflossen.

Inhaltsverzeichnis

St. Moritz
Svizzera / Schweiz
Chiavenna
Valtellina / Veltlin
San Bello
Campovico
Sondrio
Adda
lago di Como
Colico
Morbegno
Talamona
Albaredo
Passo S. Marco 1985 m
Piazzatorre
Piazza Brembana
S. Giovanni Bianco
Serina
LECCO
COMO
San Pellegrino
BERGAMO
MILANO
m.frigg

Vorgeschichte / Chronologie der Ereignisse

Juli 1939
Zermürbt vom ständig zunehmenden Druck auf die jüdische Bevölkerung, verlässt die Familie Zimet (Mutter Rosalie, Vater Fiskel, Tochter Regina) ihre Heimatstadt Leipzig und begibt sich nach Mailand. Sie findet dort Hilfe bei Verwandten sowie der jüdischen Gemeinschaft.

Mai 1940
Fiskel Zimet organisiert für eine Gruppe von 302 Juden die Überfahrt nach Palästina. Die erste Reiseetappe führt sie nach Bengasi, Libyen.

Juni 1940
Italien tritt, als Verbündeter Deutschlands, in den Krieg ein. Als Folge davon werden die Zimets – und mit ihnen die ganze jüdische Gruppe – in Bengasi verhaftet und in einem örtlichen Konzentrationslager untergebracht. Danach müssen die Flüchtlinge als Kriegsgefangene nach Italien zurückkehren.

September 1940
Vom Gefängnis «Poggioreale» in Neapel werden die Kriegsgefangenen als «Internierte» ins Konzentrationslager «Ferramonti» (Kalabrien) abgeschoben.

Juli 1941
Die internierten Juden dürfen – nun als «freie Internierte» – aus drei vom Innenministerium vorgeschlagenen Aufenthaltsorten auswählen. Die Familie Zimet entscheidet sich für die Provinz Bergamo. Sie lässt sich zuerst in San Giovanni Bianco, danach in Serina nieder.

8. September 1943

Auch die Familie Zimet feiert den Waffenstillstand zwischen Italien und den Alliierten. Doch die Freude ist von kurzer Dauer. Die deutsche Führung, welche den Waffenstillstand als Verrat interpretiert, lässt Norditalien besetzen.
Am 23. September wird die «Soziale Republik Italien» (Republik von Salò) ausgerufen. An der Spitze dieses Marionettenstaates unter deutscher Protektion sitzt Benito Mussolini, der ehemalige, diktatorische Ministerpräsident Italiens.
Damit gewinnt die Judenverfolgung in Italien eine neue Dimension.[1]

[1] Eine detaillierte Darstellung bzw. Erläuterung der äusserst komplexen politischen und militärischen Situation im besetzten Italien der Jahre 1943–1945 würde den Rahmen dieses Buches sprengen. Entsprechende Hinweise beschränken sich auf einige wenige Fussnoten.

Flieht!

Heftiges Klopfen an unserem Zimmerfenster.
Eine atemlose Stimme: «Zimet, avete sentito?! Die Nachrichten ... am Radio: Alle Juden in Italien sollen inhaftiert, enteignet und nach Deutschland deportiert werden!»*
Als ich an diesem kalten, nebligen Morgen des 30. November 1943 erwachte und die besorgten Gesichter meiner Eltern sah, wusste ich, dass es kein Alptraum gewesen war, der mich aus dem Schlaf gerissen hatte.

Beunruhigt sass ich beim Frühstück meinen in Gedanken versunkenen Eltern gegenüber. Plötzlich pochte es an die Tür. Vater öffnete – und fand sich zwei Polizeibeamten gegenüber. «Buongiorno, Signor Zimet! Unser Kommandant bittet Sie, sich unverzüglich mit Ihrer Frau Rosalia[2] und Ihrer Tochter Regina auf dem Polizeiposten von Serina einzufinden!»
Aufgewühlt und von dunklen Vorahnungen erfüllt, machten wir uns Minuten später auf den Weg. Bangen Herzens betraten wir nach kurzem Fussmarsch das düstere Gebäude. Ein Polizist führte uns in das Amtszimmer des Kommandanten. Dieser hiess uns freundlich, Platz zu nehmen und meinte daraufhin mit bekümmerter Miene: «Wie Sie vielleicht bereits vernommen haben, müssen auf Befehl der faschistischen Regierung alle Juden in Italien inhaftiert und enteignet werden. Ich sehe mich deswegen gezwungen, Sie zu verhaften und Ihr Besitztum zu beschlagnahmen. Zudem befürchte ich, Sie demnächst nach Bergamo überführen und dort den Deutschen ausliefern zu müssen. Glauben Sie mir, ich bedaure dies zutiefst!» Es folgte lähmendes Schweigen. Mutter nahm mich bei der Hand und

* Habt ihr gehört?!

[2] So wurde Rosalie Zimet in Italien genannt.

sah Vater wortlos an. Ich stand da wie versteinert. Erinnerungen stiegen in mir auf: Leipzig; Hitlers Schergen mit ihren Schlagstöcken; die wutverzerrten Gesichter, in denen sich die Flammen der brennenden Synagoge widerspiegelten; das verächtliche, höhnische Lachen beim Anblick der in panischer Angst fliehenden Juden.

Vater räusperte sich: «Signor maresciallo[3]; als jüdische Internierte, so genannte ‹Personen mit beschränkter Bewegungsfreiheit›, sind wir verpflichtet, uns täglich bei Ihnen auf der Polizeiwache zu melden. Ich bitte Sie daher inständig, von einer Inhaftierung abzusehen. Lassen Sie uns vorläufig nach Hause zurückkehren. Ihre Beamten können uns dort gegebenenfalls überwachen.» Der gutherzige Mann besann sich kurz und antwortete: «Ich erfülle Ihnen diesen Wunsch, Signor Filippo. Kehren Sie in Ihre Wohnung zurück und halten Sie sich für ein eventuelles Auslieferungsverfahren zur Verfügung. Sobald wir mehr wissen, werden wir Sie entsprechend informieren.» Leise fügte er hinzu: «Die ‹carabinieri›[4] bleiben hier! Es gibt für meine Leute Sinnvolleres zu tun, als ehrliche Menschen – wie Sie es sind – im Auge zu behalten!»

Der «maresciallo» begleitete uns bis zum Ausgang und winkte ab, als wir uns bei ihm bedanken wollten. Nachdem er sich mit einem kurzen Blick vergewissert hatte, dass niemand zuhörte, zog er Vater beiseite und flüsterte hastig: «Signor Filippo, Sie befinden sich in höchster Gefahr! Nutzen Sie die Ihnen verbleibende Zeit – Sie wissen, was ich damit sagen will! Gott sei mit Ihnen.» Als Vater zu einer Antwort ansetzte, legte der Kommandant den Zeigefinger auf die Lippen, wandte sich ab und schloss das Portal.

3 Wachtmeister

4 Die Carabinieri sind eine polizeiliche Gendarmerie und eigenständige Teilstreitkraft neben Heer, Marine und Luftwaffe in der italienischen Armee.
Quelle: Internet

Familie Zimet 1946: Tochter Regina, Vater Fiskel, Mutter Rosalie.

Foto: Familie Della Nave

Auf dem Nachhauseweg klammerte ich mich weinend an Vaters Ärmel: «Lass uns sofort fliehen, bitte! Wenn wir den Deutschen ausgeliefert werden, erwartet uns die Depor-

tation! Versuchen wir hingegen, über die Berge in die Schweiz zu entkommen, haben wir vielleicht eine Chance!» Papa erwiderte: «Regina, mein Kind, beruhige dich! Eine Flucht ist mit grossen Risiken verbunden. Sollten die Deutschen uns aufgreifen, würden wir wohl auf der Stelle erschossen!» Aufgewühlt entgegnete ich: «Da hast du sicher recht, Papa! Gelingt es uns jedoch, die Schweizergrenze zu passieren, sind wir gerettet!» Rat suchend blickte Vater zu meiner Mutter. Mama zögerte kurz, schaute Papa und mich mit feuchten Augen an und sagte mit belegter Stimme: «Kann man von uns verlangen, dass wir hier schicksalsergeben ausharren wie Schafe, die auf die Schlachtbank geführt werden? Sollen wir zuwarten, bis man uns den Deutschen ausliefert? Eine Deportation in ein deutsches Konzentrationslager würde mit grosser Wahrscheinlichkeit unseren sicheren Tod bedeuten!» Vater schwieg einen Augenblick lang nachdenklich; dann stellte er sich zwischen Mutter und mich, nahm uns bei der Hand und antwortete entschlossen: «Ihr habt recht – Rosalie, Regina – wir müssen fliehen!»
Rasch strebten wir heimwärts. Vater schien erleichtert. Mutter und ich verfielen immer wieder in einen leichten Trab, um mit ihm Schritt halten zu können. Vor dem Haus angekommen liess Papa unsere Hände los, kramte nach dem Schlüssel und flüsterte, während er die Haustüre öffnete: «Wir werden alles daran setzen, die uns verbleibende Zeit zu nützen, geschätzter Signor ‹maresciallo›!» Ohne auf unsere erstaunten und fragenden Blicke einzugehen, betrat Vater das Haus.
Der Rest des Tages verlief in hektischer Betriebsamkeit. Den ganzen Nachmittag über wurden immer neue Fluchtszenarien erörtert. Als Vater am nächsten Morgen auf die Strasse trat, begegnete er unserer Nachbarin, Lina Cozzi. Er erzählte ihr kurz, was geschehen war. Ohne einen Augenblick zu zögern, entgegnete Signora Cozzi: «Ich werde sofort

mit dem nächsten Bus nach Bergamo fahren und meinen Schwager – Vittorio Borsa – bitten, Ihnen mit Rat und Tat beizustehen.» Vater war erleichtert. Er kannte Vittorio Borsa. Wir hatten uns mit Herrn und Frau Borsa, welche die Wochenenden und Ferien in ihrer Wohnung im zweiten Stock unseres Wohnhauses verbrachten, angefreundet. Papa verabschiedete sich dankend von Signora Cozzi und betrat kurz darauf den kleinen Dorfladen, um einige Einkäufe zu tätigen. Im Geschäft befanden sich lediglich Nando, der Besitzer, sowie dessen Freund Giuseppe. Nando starrte Vater erstaunt an: «Signor Filippo, Sie sind immer noch hier? Wissen Sie denn nicht, wie gefährlich die Situation für Sie und Ihre Familie geworden ist?» Vater nickte und antwortete bedrückt: «Noch sind wir hier, ja.» Der gross gewachsene, schwarzhaarige Giuseppe – der sich ebenso wie sein Freund Nando den Partisanen[5] angeschlossen hatte – wandte sich nach kurzem Überlegen an meinen Vater: «Signor Filippo, die Zeit drängt! Sie müssen Serina – und Italien – verlassen! Fliehen Sie in die Schweiz! Ich werde versuchen, sie dabei zu unterstützen.» Nando lächelte aufmunternd: «Verlassen Sie sich ruhig auf meinen Freund ‹Pepe›, Signor Filippo. Er verfügt über ein sehr dichtes Beziehungsnetz. Wenn es jemandem gelingen sollte, Ihnen zur Flucht zu verhelfen, dann ihm!»

Nachdem Vater uns von seiner Begegnung mit Frau Cozzi sowie dem Gespräch mit Nando und Giuseppe berichtet hatte, wurde mir bewusst, dass unser mehr als zweijähriger Aufenthalt in der Provinz Bergamo wohl endgültig beendet war – nicht jedoch unsere leidensvolle Odyssee.

5 Partisan: Freischärler, Widerstandskämpfer. Partisanen bilden Gruppen oder Verbände von Freiwilligen aus den Bewohnern eines besetzten Gebietes, um außerhalb der Streitkräfte den Kampf gegen den eingedrungenen Kriegsgegner zu führen.
Quelle: Internet

Spätabends war Lina Cozzi immer noch nicht aus Bergamo zurückgekehrt. Wie auf Nadeln lagen wir in unseren Betten und verbrachten eine unruhige, sorgenvolle Nacht. Frühmorgens machte mein Vater sich bereit, um nach Frau Cozzi zu sehen. Im Treppenhaus mischte sich das Geräusch eiliger Schritte in die Abschiedsworte meines Vaters. Schon stand Signora Cozzi schwer atmend vor uns und keuchte beschwörend: «Fliehen Sie! Fliehen Sie sofort! Vittorio Borsa lässt ausrichten, dass in Bergamo sämtliche Amtsstellen in deutscher Hand sind! Bereits werden aus der ganzen Provinz zahlreiche Menschen jüdischen Glaubens in die Hauptstadt transportiert und den Deutschen ausgeliefert. Regina, Rosalia, Filippo; verlieren Sie keine Zeit mehr!» Wir standen wie betäubt in der Diele. Schnell drückte mir Frau Cozzi ein paar Suppenwürfel in die Hand, bevor sie hastig davoneilte.

In diesem unheilvollen Moment fasste mein Vater einen Entschluss: «Wir dürfen nicht mehr zuwarten; hier sind wir keinen Augenblick mehr sicher. Wir müssen unsere Wohnung sofort verlassen!» In hektischer Eile beriet sich Papa mit Mutter. Daraufhin begleitete er mich in den Hof vor unserem Haus. In meiner kleinen Tasche befanden sich Frau Cozzis Suppenwürfel, ein paar Brötchen sowie einige Lire. Papa nahm mein Gesicht in seine Hände und raunte mir zu: «Regina, geh zu deiner Freundin Flaminia und warte dort, bis du von uns hörst!» Mit einem aufmunternden Lächeln, das in Tat und Wahrheit recht gequält ausfiel, schob mich Vater sanft Richtung Strasse. Ich begann zu laufen und befand mich bald vor Flaminias Haus. Doch deren Eltern weigerten sich, mich eintreten zu lassen. «Das ganze Dorf weiss, dass Flaminia und du, Regina, eng befreundet seid. Hier würde man dich ganz bestimmt zuerst suchen», sagte Flaminias Mutter. Ich hielt die Tränen zurück und bat die Frau, mich wenigstens zu meinen Eltern zurück zu begleiten. Zu Hause angekommen, fand ich unsere Woh-

nung jedoch verschlossen vor. Wo waren Papa und Mama? Mit klopfendem Herzen stieg ich die Treppe hoch in den zweiten Stock. Zu meiner grossen Erleichterung waren Eugenia Borsa, die Frau Vittorios, ihre Schwester Lina Cozzi sowie Gertrud Diethelm anwesend. Die Damen baten mich in die Wohnung und verriegelten sorgfältig die Tür. Als ich ihnen meinen Kummer offenbart hatte, eröffneten sie mir behutsam, dass meine Eltern aus Serina geflüchtet seien. «Hab keine Angst, Reginetta; du wirst in Kürze wieder mit deinen Eltern vereint sein», beruhigte mich Frau Borsa. In diesem Moment klopfte es. Wie der Blitz huschte ich in das Nebenzimmer. Mit pochendem Herzen spähte ich durch das Schlüsselloch und sah, wie sich zwei «carabinieri» freundlich grüssend anschickten, den Hausflur zu betreten. Der eine wandte sich an die Frauen: «Wir haben die Wohnung der Familie Zimet verschlossen vorgefunden. Falls Sie den Zimets begegnen sollten, richten Sie ihnen bitte aus, dass sie sich um zwölf Uhr mittags abreisebereit an der Bushaltestelle einzufinden haben!» Danach legten die Polizeibeamten schneidig die Hand an den Mützenrand, dankten für die Kooperation und verabschiedeten sich.
Kaum waren die Gendarmen verschwunden, brachte mich Frau Diethelm in ihre Wohnung im benachbarten Wohnhaus. Dort angekommen, forderte sie ihre beiden kleinen Töchter auf, sich im Kinderzimmer zu gedulden. Gertrud Diethelm führte mich in die Küche, schloss die Türe, legte ihre Hände auf meine Schultern und begann leise auf mich einzureden: «Regina, lauf schnell nach Cornalba; dorthin, wo wir im Sommer bei der Bäuerin Eier und Käse gekauft haben. Du weisst, der Bauernhof liegt etwas ausserhalb des Dorfes. Grüsse die Bäuerin von mir und erzähle ihr alles. Sie wird dir Unterschlupf gewähren. Mach dir keine Sorgen; sobald ich Nachrichten von deinen Eltern erhalten habe, werde ich dich sofort verständigen.»

In diesem Haus in Serina wohnte die Familie Zimet.

Zaghaft und verunsichert verabschiedete ich mich von Frau Diethelm und ihren Töchtern. Die ältere der beiden, Heidi, übergab mir als Glücksbringer ihren eben ausgefallenen Milchzahn, ihre kleinere Schwester, Lotti, ein vierblättriges Kleeblatt. Ich steckte beides sorgfältig in die Tasche und machte mich auf den Weg nach Cornalba.

Es begann zu regnen. Dichter Nebel verschleierte die Berge. Von Zeit zu Zeit wischte ich mir die nassen Haare aus der

Stirn, um die schmale Strasse vor mir besser erkennen zu können. Weit und breit war keine Menschenseele zu sehen. Ich hörte lediglich das schmatzende Geräusch meiner nassen Schuhe auf dem laubbedeckten Weg sowie das Rauschen des stärker werdenden Regens. Immer wieder versteckte ich mich hinter Sträuchern, weil ich meinte, Schritte zu hören. Unweit der Kirche von San Pantaleone radelte mir der Briefträger, der als ausgesprochenes Klatschmaul galt, auf seinem Velo entgegen. Mit gesenktem Kopf, seinen erstaunten und misstrauischen Blicken ausweichend, hastete ich weiter. Die metallischen, hellen Schläge der Kirchenglocke verkündeten die zwölfte Stunde – den Zeitpunkt unserer Deportation! Es gelang mir nur mit Mühe, die aufkeimende Panik zu unterdrücken. Wie sehr sehnte ich mich nach meinen Eltern!
Als ich endlich – erschöpft und vor Nässe triefend – im kleinen Dorf Cornalba angekommen war, sah ich mitten auf der Gasse zwei Polizisten, welche angeregt und gestenreich miteinander diskutierten. Was tun? Plötzlich erinnerte ich mich des schmalen Pfades, den wir jeweils als Abkürzung auf dem Weg zum Bauernhof benutzt hatten. Der Regen hatte diesen Pfad jedoch in einen Bach verwandelt. Mehr schlitternd und rutschend denn gehend fand ich mich letztendlich vor dem stattlichen Bauernhof wieder. Mit klammen Fingern pochte ich an die Tür des Wohnhauses. Als die Bäuerin mich – nass bis auf die Knochen, mit Tränen in den Augen und vor Kälte und Angst zitternd – vor sich stehen sah, erschrak sie und führte mich sofort in die warme Küche. Ihre etwa 10-jährige Nichte starrte mich mit grossen Augen an. Die Bäuerin überreichte mir trockene Kleider und hängte meine nassen neben den Ofen. Kaum hatte ich der freundlichen Frau meine Sorgen anvertraut, betrat ihr Mann die Küche. Als der Bauer vernommen hatte, dass Frau Diethelm darum bat, mich auf seinem Bauernhof zu beherbergen, sagte er nach kurzem Nachdenken:

«Kein Problem, du bleibst bei uns, Regina. Komm mit, wir gehen Laub sammeln, bevor das Wetter noch schlechter wird. Es ist nicht ratsam, dich alleine im Hause zurückzulassen.» Mit Kopftuch und Schirm ausgerüstet, begab ich mich in Begleitung des Ehepaares in den nahen Wald; Olivia, die Nichte, blieb im Hause zurück.
Am Waldrand angekommen, hiessen sie mich, unter einem schützenden Baum zu warten, während sie sich ins Unterholz begaben, um Laub zusammenzurechen. So blieb ich allein im dichten Nebel zurück und hörte, wie die Regentropfen immer stärker auf den grossen, schwarzen Schirm trommelten. Von Hunger, Kälte und dem langen Fussmarsch geschwächt, lehnte ich mich an den Baumstamm. Wo befanden sich meine Eltern? Wie ging es wohl meiner Mutter, die seit Tagen an einer fiebrigen Erkältung litt? Waren Papa und Mama etwa bereits gefangen genommen worden? Einsamkeit und Angst schnürten mir die Kehle zu. Da schreckte mich die helle Stimme Olivias aus den trüben Gedanken: «Onkel, Tante, es ist halb fünf! Kommt, wir müssen die Kühe melken!» Der Bauer kam – die mit Laub gefüllte «gerla»[6] auf dem Rücken – auf mich zu: «Komm, begleite mich in den warmen Stall, Regina; dort kannst du dich aufwärmen. Meine Frau wird gleich nachkommen.» Im Stall empfingen uns behagliche Wärme sowie der Geruch des Heues und der Tiere. Die kleine Olivia hatte in der Zwischenzeit Kessel und Melkstuhl bereitgestellt. Plötzlich starrte der Bauer wie hypnotisiert auf die grosse Uhr an der Stallwand. Es gab gar keinen Zweifel: Es war nicht halb fünf, sondern erst halb vier Uhr nachmittags! Wütend wandte sich der Mann seiner hinter ihm stehenden Nichte zu: «Hast du keine Augen im Kopf? Wieso hast du uns eine Stunde zu früh gerufen?» Ich sah, wie sich die Augen des

[6] Geflochtener Tragkorb

Mädchens erschrocken weiteten. Erbleichend raunte Olivia: «Onkel, ich schwöre es bei Gott: Als ich dich gerufen habe, standen die Zeiger dieser Uhr auf halb fünf!» Während sich die beiden aufgeregt unterhielten, öffnete sich die Stalltür und die Bäuerin stand mit kalkweissem Gesicht auf der Schwelle. Augenblicklich schwiegen sowohl der Bauer wie auch Olivia und blickten fragend auf die verstörte Frau. Mit bebender Stimme berichtete diese: «Ihr seid kaum weggegangen, da traten zwei Polizisten auf mich zu, wenige Meter neben dem Platz, wo Regina unter dem Baum gewartet hat. Sie fragten mich, ob ich ein kleines Mädchen gesehen hätte. Ich tat so, als würde ich nicht verstehen und fragte, ob sie meine Nichte Olivia suchen würden. Die beiden Polizisten schauten sich an, murmelten etwas von einem Briefträger, der sich wohl geirrt habe und verabschiedeten sich. Was für ein Glück!»
Mit Erstaunen bemerkte ich, dass Olivia zu schluchzen begonnen hatte: «Glück oder Wunder ... Ich weiss nur eines: Hätte ich euch nicht eine Stunde zu früh in den Stall gerufen, wäre Regina festgenommen worden!» Der Bauer schwieg einen Moment lang nachdenklich; schlussendlich sah er mich aufmunternd an: «Hab keine Angst mehr, Regina. Alles wird gut werden. Gott ist mit dir und deiner Familie; er wird euch beschützen.»
Wir sassen in der Küche beim Nachtessen. Die Bäuerin, welche sich von ihrem Schrecken erholt hatte und mir eine mit Butter und Käse angereicherte Polenta auftischte, forderte mich freundlich auf: «Iss, Regina, auf dass du wieder zu Kräften kommst!» In diesem Moment hörten wir die Schritte mehrerer Personen vor dem Hause und kurz danach heftiges Klopfen. Ich sprang, wie von der Tarantel gestochen, auf und verschwand unter der Holztreppe, welche zu den Zimmern führte. Der Bauer brummte: «Wer ist da?» «Freunde!» Ich hörte, wie sich der Schlüssel im Schloss drehte und danach die Stimme des Bauern: «Regina, du

musst keine Angst haben; komm her!» Zögernd betrat ich den Raum und bemerkte eine Frau und einen Mann, welche mich mitfühlend musterten. Die Frau hiess Anita Corinovis, der junge Mann stellte sich als Medizinstudent und Bruder Giuseppes – des Partisanen aus Serina – vor. Sie erklärten mir, dass sie gekommen seien, um mich zu meinen Eltern zu bringen. Ich war überglücklich! Signora Corinovis und Giuseppes – «Pepes» – Bruder gesellten sich zu uns an den Tisch. Nach dem Essen zog ich umgehend meine inzwischen trockenen Kleider an und verabschiedete mich dankbar von meinen Gastgebern.

Fröstelnd traten wir in die kalte und regnerische Nacht hinaus. Giuseppes Bruder ging mit seiner Laterne voraus, um uns im Notfall warnen zu können. Der Nebel verunmöglichte ein rasches Vorankommen. So war es schon spät, als wir im kleinen Dörfchen Rosolo ankamen. Wir erreichten schliesslich ein grosses Gebäude, bestehend aus einem Wohnhaus, einer Sägerei und einer Scheune. Plötzlich packte mich jemand an der Schulter und umarmte mich: Papa! Wir begaben uns in die Scheune, wo mich Vater sanft in die Arme meiner Mutter stiess. Von Emotionen übermannt, umarmte mich Mama weinend. Indem sie mich küsste und streichelte, erzählte Mutter, wie sie und Papa aus Serina geflohen waren und schlussendlich hier, im Hause des Schreiners – welcher zugleich Anita Corinovis Schwager war – Unterschlupf gefunden hatten. Eng an Mutti geschmiegt, schlief ich ein.
Gegen Mitternacht weckte mich Vater. Der Schreiner bat uns in die Küche, wo seine Frau bereits einen Kaffee gebraut hatte. Wir genossen das heisse, belebende Getränk und folgten den Ausführungen unseres Gastgebers: «Anita Corinovis und Giuseppes Bruder lassen Sie grüssen. Ich soll Ihnen ausrichten, dass Giuseppe alles für Ihre Flucht vorgekehrt hat. Heute Nacht müssen Sie zu Fuss nach San Pelle-

Die alte Sägerei in Rosolo.

grino gelangen. Dort warten Sie auf den Zug nach Piazza Brembana. Giuseppe wird Sie erwarten. Mittels Zeichen wird er Ihnen zu verstehen geben, ob die Luft rein ist und Sie gefahrlos zusteigen können.

Der gute «Pepe»! Er hatte Wort gehalten und bereits begonnen, unsere Flucht in die Schweiz in die Wege zu leiten.

Zwei junge Partisanen, welche die Küche betraten, unterbrachen das Gespräch. Alfredo, der Neffe des Schreiners, sowie sein Freund Gianni waren bereit, uns nach San Pellegrino zu führen. Es war ein Uhr nachts, als wir das Haus durch die Hintertür – von der aus ein Pfad direkt Richtung

Berge führte – verliessen. Gianni schritt mit einer Laterne in der Hand voraus, Alfredo bildete die Nachhut. Das Licht der blakenden Laterne durchdrang die pechschwarze Nacht nur mit Mühe. Ein heftiger, kalter Wind peitschte uns Schneeregen ins Gesicht. Je höher wir stiegen, desto dichter wurde das Schneetreiben. Unsere Fussspuren wurden im Nu vom Neuschnee verschluckt. Immer schwieriger gestaltete sich das Vorwärtskommen. Plötzlich hielt Gianni inne: «Der Weg ist nicht mehr auszumachen; wir haben uns wohl verirrt!» Verzweifelt stapften wir weiter und überwanden Hügel und Täler. Das Gelände wurde immer unwegsamer. Mit meinen Gummistiefeln gelang es mir kaum, auf den Füssen zu bleiben. Nach geraumer Zeit fanden wir uns unversehens auf einem schmalen, mit Schnee und Eis bedeckten Pfad wieder. Rechterhand erhob sich eine Felswand in Schwindel erregende Höhen, von der linken Seite her hörte man das Rauschen eines Baches, welcher tief unter uns zu Tale toste. Unterdessen waren wir seit Stunden unterwegs. Als Giannis Laterne mit einem Male erlosch, wurde das Gehen noch beschwerlicher und gefährlicher.

Plötzlich spürte ich, wie ich den Boden unter den Füssen verlor und Richtung Abgrund rutschte. Der Schreck schnürte meine Kehle zu und erstickte die Angstschreie. Dorniges Gestrüpp, in welches sich meine Hände gekrallt hatten, beendete meine Rutschpartie. «Regina! Regina!» Die besorgten Männerstimmen sowie das Licht einer Laterne, welches meine vor Angst geweiteten Augen blendete, lösten mich aus der Erstarrung. Mit vereinten Kräften gelang es den beiden Partisanen, mich aus der misslichen Lage zu befreien und auf den Pfad zurückzubringen. Meine zerstochenen Hände und zerschundenen Knie bluteten und schmerzten, die Beine zitterten; doch wir mussten weiter. Der untersetzte, kräftige Gianni trug mich auf seinem Rücken. Immer wieder glitten Vater und Mutter aus und

fielen hin; sogar unsere Führer hatten Mühe, das Gleichgewicht zu halten. Endlich wurde der Pfad breiter und mündete schliesslich in eine kleine Ebene. Mit Schrecken mussten wir jedoch feststellen, dass kein Weg weiterführte. Was tun? Eine Rückkehr war ausgeschlossen, an ein Weiterkommen nicht zu denken. Nach kurzem Beraten baten uns die beiden Partisanen, zu warten, währenddessen sie versuchen wollten, die Umgebung zu erkunden. So blieben wir alleine im Nebel zurück. Unsere mit Wasser voll gesogenen Kleider, an welchen Klumpen von Schnee und Eis klebten, schienen uns zu Boden zu ziehen; die Sicht war gleich Null. Plötzlich durchbrachen Giannis und Alfredos freudig erregten Stimmen die bleierne Stille: «Signori Zimet, Reginetta! Wir haben den Weg gefunden!» Dieser entpuppte sich jedoch als sehr steil, gefährlich und mühsam. Gianni trug mich auf seinem Rücken, Alfredo und Papa stützten meine völlig erschöpfte Mutter.
Um fünf Uhr morgens rasteten wir neben einer kleinen Kapelle. Der gross gewachsene, hagere Alfredo zog eine kleine Flasche aus seiner Tasche und bot uns Grappa zu trinken an; dieser einheimische Branntwein sollte uns wärmen und stärken. Frischen Mutes setzten wir unseren Weg fort. Der feurige Schnaps brannte noch eine ganze Weile in meiner Kehle, obwohl ich nur ein paar Tropfen davon «genossen» hatte! Gegen sechs Uhr morgens durchdrang unversehens warmes Licht die Dunkelheit. Wir standen vor einem Bauernhof. Erstaunt starrte uns der Bauer an. Gianni bemerkte dessen fragenden Blick und erzählte dem Manne, dass wir uns wegen des schlechten Wetters verirrt hätten. Ich war mir nicht sicher, ob der Bauer uns glaubte; jedenfalls bat er uns in die Küche. Wir setzten uns nahe an das wärmende Kaminfeuer und versuchten dabei auch, unsere Kleider und Schuhe zu trocknen. Was für eine Wohltat, die eiskalten Glieder vom knisternden Feuer aufwärmen zu lassen! Schliesslich wurde es jedoch Zeit, wieder in

die Schuhe zu schlüpfen; dieses Vorhaben schien jedoch unmöglich. Waren unsere Füsse derart angeschwollen oder die Schuhe in der Wärme geschrumpft? Mit Mühe und Not gelang es uns schlussendlich doch noch irgendwie, unsere schmerzenden Füsse in die Schuhe zu zwängen.
Endlich, um Viertel vor sieben Uhr morgens, erreichten wir den Bahnhof von San Pellegrino, wo uns Alfredo die nötigen Billette besorgte. Gianni umarmte uns und meinte: «Wenn Sie es geschafft habt, diese schlimme Nacht glücklich zu überstehen und rechtzeitig hier anzukommen, wird Ihnen auch die Fortsetzung der Flucht gelingen!» Ein letzter, herzlicher Händedruck – und die beiden Partisanen waren hinter der Wegbiegung verschwunden. Schlagartig fühlten wir uns einsam und verlassen. Der in grossen, nassen Flocken vom Himmel fallende Schnee verwandelte sich allmählich in Regen. Angst und Unsicherheit machten uns zu schaffen. Um den Leuten im Bahnhof nicht aufzufallen, suchten wir die Toilette auf. Ungeduldig warteten wir auf die Ankunft des Zuges. Die Tatsache, dass weit und breit kein Polizist zu sehen war, beruhigte uns. Zum Glück wussten wir nicht, dass – nur drei Kilometer von uns entfernt – der Bahnhof von Ambria von den «carabinieri» überwacht wurde! Endlich fuhr der lang ersehnte Zug in die Station von San Pellegrino ein.

Zu unserer Freude entdeckten wir sogleich Giuseppe, der sich aus einem der Zugfenster beugte. Diskret gab er uns zu verstehen, dass wir zusteigen sollten. Wie abgemacht, begab sich jeder von uns an einen anderen Platz; niemand sollte erkennen, dass wir zusammengehörten. Mit gemächlichem Tempo rollte der Zug der nächsten Station – San Giovanni Bianco – entgegen. Da wir in dieser Ortschaft vor einem Jahr interniert waren, kannten uns hier viele Leute. Zu meinem Entsetzen sah ich, wie einige Schüler dem Zuge zustiegen. Obwohl ich zum Fenster hinausschaute und

mein Gesicht von den Kindern abwandte, erkannte mich eines der Mädchen sofort. Es rannte auf mich zu und umarmte mich. Verzweifelt raunte ich ihm zu, Stillschweigen zu bewahren. Als das Mädchen mich jedoch so nass, schmutzig und erschöpft sah, erzählte es allen Reisenden im Abteil, dass ich ein interniertes, jüdisches Kind sei. Daraufhin starrten mich die Leute interessiert an. Ich verzweifelte beinahe vor lauter Angst. Die Unbedachtheit dieses Mädchens konnte uns allen das Leben kosten! Nur mit grosser Willenskraft gelang es mir, die Tränen zurückzuhalten. Zum Glück hatten die wenigen Leute im Abteil weder meine Eltern noch die wahre Sachlage erkannt. Eine ältere Frau setzte sich neben mich, streichelte mein Haar und flüsterte: «Hab keine Angst, mein Kind; wir Italiener sind nicht herzlos ... dir wird nichts geschehen.» Als das Mädchen wie auch die meisten anderen Passagiere, an der nächsten Station ausstiegen, atmete ich erleichtert auf.
In Piazza Brembana angekommen, verliessen auch wir den Zug und begaben uns sofort in den Warteraum des Bahnhofs. Zu unserer grossen Erleichterung war der kleine Raum menschenleer. Wir hatten kaum auf der hölzernen Sitzbank Platz genommen, als «Pepe», in Begleitung eines uns unbekannten Mannes, den Raum betrat. Giuseppe begrüsste uns erfreut. Nachdem er sich nochmals vergewissert hatte, dass uns niemand hören konnte, zeigte er auf seinen Begleiter und raunte uns zu: «Dieser Herr war Offizier in der italienischen Armee und kommandiert nun eine Partisaneneinheit. Folgen Sie ihm; Sie können diesem Mann bedenkenlos vertrauen. Er wird Sie zu einer einflussreichen Person führen, die Ihnen weiterhelfen wird.» Während wir uns herzlich von «Pepe» verabschiedeten, steckte dieser meinem Vater einige Banknoten in die Tasche. Als Papa protestieren wollte, winkte der Partisan ab und erklärte, dass wir mit dem Geld das Taxi bezahlen sollten, in welches wir nun umsteigen müssten. Vor dem

Bahnhof wartete bereits ein Auto mit laufendem Motor. Der Offizier stieg vorne ein, wir zwängten uns auf die Hinterbank. Als wir, durch die beschlagenen Fenster hindurch, ein letztes Mal nach Giuseppe sehen wollten, war dieser bereits verschwunden.
In flotter Fahrt folgten wir einer engen, steilen Bergstrasse. Nach wenigen Kilometern sah sich der Fahrer gezwungen, einen Zwischenhalt einzulegen, damit die Schneeketten montiert werden konnten. Immer wieder öffnete unser Begleiter das Seitenfenster und rief den längs der Strasse stationierten Partisanen das Losungswort zu, damit diese uns passieren liessen. Gegen Mittag erreichten wir die Ortschaft Piazzatorre.

Der Chauffeur hiess uns auszusteigen und erklärte, dass der Rest des Weges infolge des vielen Schnees nicht mehr zu befahren sei und wir deshalb zu Fuss weitergehen müssten. Mit besorgtem Blick auf die schneebedeckte Fahrbahn mahnte unser Chauffeur den Offizier: «Ich warte hier; beeilen Sie sich! Falls es so heftig weiterschneien sollte, ist die Strasse in Kürze nicht mehr passierbar.» Wir folgten dem Partisanenkommandanten im Gänsemarsch. Ein eisigkalter Wind, welcher unsere feuchten Kleider gefrieren liess, wehte uns entgegen. Der tiefe Schnee liess uns nur mühsam vorwärts kommen. Mama, Papa und ich schlotterten vor Kälte und Erschöpfung, während unser kräftiger Begleiter scheinbar mühelos durch den tiefen Schnee stapfte. Plötzlich standen wir vor einem grossen, herrschaftlichen Haus. Der Offizier klopfte kurz an und trat ein. Unterdessen warteten meine Eltern und ich draussen, bis uns eine schwarzhaarige, hübsche Frau freundlich willkommen hiess. Ehe wir es uns versahen, hatte sich der Offizier verabschiedet. Die dunkelhaarige Dame geleitete uns in ein gediegenes, grosses Wohnzimmer. Plötzlich stockte uns der Atem: An der gegenüberliegenden Wand prangte ein grosses Bild Benito Mussolinis![7] Bevor wir uns vom ersten Schrecken erholt hatten, trat uns ein älterer, würdevoller Herr in der Uniform eines «colonnello»[8] entgegen – und wieder trauten wir unseren Augen kaum: Auf dem Ärmel seines Uniformrockes prangten die Insignien des Faschismus![9] War dieser Herr in seiner prunkvollen faschistischen Uniform tatsächlich die «einflussreiche Person», welche uns – der jüdischen Familie – weiterhelfen sollte? Unsere Herzen schlugen wie wild. Wir waren offensichtlich in eine Falle getappt! Anscheinend widerspiegelten unsere Mienen die Gefühle. Der Oberst begann zu lächeln, legte seinen Arm um die Schultern der Frau und sprach mit sonorer Stimme: «Haben Sie keine Angst; seien Sie willkommen in unserem Hause! Auch wenn Sie das Bild Mussolinis sowie das Symbol des Faschismus bemerkt haben: Ich bin kein Unmensch!» Nachdenklich und leise fuhr er fort: «Sehr viele Italiener haben sich – wie ich selber – lange Zeit von faschistischen Idealen und Zielen leiten lassen. Die politische Situation hat sich jedoch in eine unheilvolle Richtung entwickelt.» Indem er auf das Bild Mussolinis zeigte, fuhr der Oberst fort: «Unser ehemaliger,

7 Mussolini Benito, italienischer Politiker, Gründer und Führer des Faschismus in Italien.
Benito Mussolini war von 1922 bis 1943 faschistischer Diktator Italiens. In Verbindung mit den militärischen Misserfolgen an der Seite Hitlers führten innere Krisen am 25.7.1943 zum Misstrauensvotum des Faschistischen Großrats gegen Mussolini, der auf Befehl des Königs gefangen gesetzt wurde. Aus der Haft auf dem Campo Imperatore (Gran Sasso d'Italia) am 12.9.1943 von deutschen Fallschirmtruppen befreit, geriet Mussolini völlig in Abhängigkeit von Hitler, in dessen italienischem Machtbereich er die ‹Repubblica Sociale Italiana› in Salò am Gardasee ausrief, deren ‹Staatschef› er bis zur Kapitulation der deutschen Italienfront war.
Quelle: Internet

8 Oberst

9 Faschismus (italienisch fascismo, abgeleitet von lat. „fasces“ für Rutenbündel) Eigenbezeichnung einer politischen Bewegung, die unter Führung von Benito Mussolini 1922–45 in Italien die beherrschende politische Macht war und ein diktatorisches Regierungssystem trug.
Quelle: Internet

diktatorischer Führer tanzt nun als Staatschef der unter deutscher Protektion neu gegründeten ‹Repubblica Sociale Italiana› nach der Pfeife der Deutschen. Die Zeit ist gekommen, diejenigen zu bekämpfen, welche versuchen, unsere Heimat ins Verderben zu führen sowie unschuldige Menschen umzubringen.» Indem er mit dem Zeigefinger auf das Abzeichen des Faschismus zeigte, fuhr der «colonnello» fort: «Diese Uniform erlaubt es mir, weiterhin Entscheidungen zu treffen; Entscheidungen, welche unter anderem auch Leuten wie Ihnen zugute kommen. Hätte ich diese Uniform also gegen die schäbige Kleidung eines Zwangsarbeiters in einem deutschen Lager eintauschen sollen? Die meisten der von den Deutschen entwaffneten italienischen Soldaten haben sich – wie ich – für die Uniform entschieden. Allerdings kämpft nur eine Minderheit als überzeugte Faschisten an der Seite der Deutschen. Zudem laufen täglich Soldaten der faschistischen Streitkräfte zu den Partisanen über, um an deren Seite die deutschen Okkupanten zu bekämpfen.» Der grosse, korpulente Mann musterte uns einen Moment lang nachdenklich und bemerkte danach abschliessend: «Seien Sie versichert, wir werden Ihnen weiterhelfen!»
Bewegt von dessen aufrichtigen Worten, übergab mein Vater dem «colonnello» unsere Ausweispapiere. Ich stand neben meiner Mutter und konstatierte peinlich berührt, dass meine nassen Kleider zu tropfen begonnen hatten. In diesem Moment nahm mich die Frau des Obersten bei der Hand. Die gütige, attraktive Dame führte mich in die Küche, half mir beim Ausziehen und kleidete mich in einen warmen Morgenmantel. Ihren Arm um meine Schultern gelegt, begleitete sie mich anschliessend in den Wohnraum zurück. Meine Eltern sassen in eleganten Sesseln, tranken heissen Punsch und unterhielten sich mit dem «colonello». Ihre Füsse steckten in Emailbecken, welche mit warmem Wasser gefüllt waren. Genussvoll trank auch ich von dem

Punsch; mit dem Resultat, dass der Alkohol wohl meinen Körper wärmte, zugleich aber auch meinen Kopf benebelte und starken Schwindel verursachte.
Ein sympathischer Mann, der sich als Mario Vitta vorstellte, betrat den Raum. Spontan lud er uns zum Mittagessen zu sich nach Hause ein. Auf dem Weg dorthin erklärte er, dass er ebenfalls jüdischen Glaubens sei und sich deshalb mit seinem Sohne hier versteckt halte. Seine katholische Frau sei mit der Tochter in Mailand geblieben, um das Geschäft weiterzuführen. Am Mittagstisch lernte ich Herrn Vittas 13-jährigen Sohn kennen, war aber zu erschöpft, um mich mit ihm zu unterhalten. Die erste warme Mahlzeit seit drei Tagen schmeckte uns ausgezeichnet. Wir konnten unsere Müdigkeit nicht verbergen; und so führte uns Herr Vitta in ein Zimmer, wo wir im breiten Doppelbett fast augenblicklich einschliefen.
Am späten Nachmittag weckte mich Mutti. Als ich aufstehen wollte, sank ich mit einem Schmerzensschrei zurück. Mein ganzer Körper war voller blauer Flecken. Ich konnte Arme, Beine und Kopf nur mit Anstrengung und unter Schmerzen bewegen; ein Andenken an die nächtliche Wanderung von Rosolo nach San Pellegrino! Mein Vater redete mir zu: «Beiss auf die Zähne und steh auf, Regina! Auch wir fühlen uns wie gerädert, doch müssen wir zurück ins Haus des Obersten.» In diesem Moment begehrte Signor Vitta Einlass. Er trat ein und legte mir ein Paar hohe Schuhe, Socken und eine Hose auf das Bett. «Ich hoffe, dass dir die Kleider meines Sohnes passen», lächelte unser Gastgeber.
Im Hause des Obersten erwarteten uns zwei sportliche Partisanen, welche uns am nächsten Tag begleiten sollten. Die Männer stellten sich als Luigi und Attilio vor. Es galt, den knapp zweitausend Meter hohen San Marco-Pass – welcher die Grenze zwischen den Provinzen Bergamo und Sondrio bildet – zu überqueren um ins Veltlin zu gelangen.

Dort würden zwei weitere Partisanen Luigi und Attilio ablösen und versuchen, uns über die nahe Grenze in die neutrale Schweiz zu führen. So jedenfalls hatten es Giuseppe und seine Verbündeten geplant. Attilio und Luigi mahnten uns, frühzeitig schlafen zu gehen, um frühmorgens ausgeruht losmarschieren zu können. So verabschiedeten wir uns vom «colonnello» und seiner Frau und dankten ihnen von Herzen für ihre Hilfe. Der Oberst nahm meinen Vater etwas beiseite und raunte: «Verzagen Sie nicht, Signor Filippo! Sie können meinen Freunden Luigi und Attilio vertrauen. Nicht nur sie werden euch weiterhelfen. Wir Italiener sind nicht bereit, unschuldige Menschen in den Tod zu schicken. Hüten Sie sich jedoch vor den Einheiten der deutschen SS und der faschistischen ‹Schwarzhemden›. Auch in unserer Gegend werden diese deutschen und italienischen Bluthunde eingesetzt, um Jagd auf Partisanen und Juden zu machen. Es handelt sich bei diesen Leuten zumeist um nazi-faschistische, skrupellose Fanatiker, welche mit ihren Repressalien nicht zuletzt auch die Zivilbevölkerung in Angst und Schrecken versetzen. Ich bin jedoch felsenfest davon überzeugt, dass zuletzt das Gute siegen wird.» «Ihr Wort in Gottes Ohr», antwortete Vater nachdenklich, bevor sich das Portal hinter dem Obersten schloss.

Herrn Vittas Sohn begleitete uns zu sich nach Hause, wo wir – gleich nach dem Nachtessen – schlafen gingen. Tausend Gedanken, die durch meinen Kopf wirbelten, hinderten mich trotz des komfortablen Bettes am Einschlafen. Schliesslich erschien der «colonnello» vor meinem geistigen Auge; der stattliche, gütige Mann in der Uniform eines faschistischen Obersten, welcher Partisanen seine Freunde nannte und eine verzweifelte jüdische Familie auf der Flucht in die Schweiz unterstützte! Würde mir je irgendwer diese unglaubliche Geschichte glauben? Über diesen Gedanken verfiel ich in einen tiefen, erholsamen Schlaf.

Passo di San Marco

Als wir frühmorgens erwachten, erinnerten uns die Kirchenglocken daran, dass Sonntag war. Um sieben Uhr waren wir abmarschbereit. Stolz betrachtete ich meine frisch eingefetteten, schwarz glänzenden Bergschuhe. Unter dem Pullover raschelte das Zeitungspapier, welches mich vor dem eisigen Wind schützen sollte. Schon hörten wir draussen die schweren Schritte unserer Begleiter. Zusammen mit den Partisanen Luigi und Attilio betrat ein ortskundiger, einheimischer Bursche, welcher uns ebenfalls begleiten sollte, das Haus. Der feingliedrige Jüngling stellte sich als Francesco vor. Herrn Vittas Haushälterin steckte meinem Vater in Zeitungspapier eingewickelte Polenta in die Manteltasche. Dankbar verabschiedeten wir uns von Herrn Vitta und seinem Sohn. Mit einem «Auf Wiedersehen in der Schweiz!» vertrauten sie uns der Obhut unserer Begleiter an. Langsam begannen wir den Aufstieg Richtung Passo di San Marco. Bleierne Wolken hingen am Himmel, und es begann wieder zu schneien. Allmählich wurde der Weg steiler, der Schnee tiefer und das Vorwärtskommen dadurch immer mühsamer. Auf einem grossen Felsblock ruhten wir uns das erste Mal aus. Hohe, mächtige Berge – teilweise von tief hängenden Wolken verdeckt – erhoben sich ringsherum. Weit unter uns hörten wir den melodiösen Klang der Kirchenglocken sowie helle Kinderstimmen. Ich vermeinte, den Duft von gebratenem Fleisch wahrzunehmen; das Wasser lief mir im Munde zusammen! Die getrocknete Kastanie, welche ich mir in den Mund steckte, vermochte meinen knurrenden Magen nicht zu besänftigen.

Wir setzten unseren Marsch fort. Je höher wir stiegen, desto schwächer und elender fühlte ich mich. Mein ganzer Körper schmerzte und nur die Angst vor möglichen Verfolgern gab mir die Kraft, mitzuhalten. Ich dachte an die Kinder im Dorfe unter uns, welche spielen, lachen, essen und schlafen konnten, während wir unsere Flucht in unwegsamem Gelände fortsetzen mussten. Die akute Lawinengefahr bereitete auch unseren Führern grosse Sorge und dämpfte die Stimmung zusätzlich.

Nach und nach verlor ich jegliches Gefühl für Raum und Zeit. Plötzlich wurde mir bewusst, dass meine Füsse nicht mehr schmerzten; ja, ich spürte sie nicht einmal mehr. «Meine Füsse!», stammelte ich; dann wurde es schwarz vor meinen Augen. Als ein penetranter Duft in meine Nase stieg und ich langsam wieder zu mir kam, sah ich, dass wir uns in einer verlassenen Scheune befanden und mir Luigi eine kleine Flasche Ammoniak unter die Nase hielt. Attilio hatte mir Schuhe und Socken ausgezogen und massierte mit seinen grossen, kräftigen Händen meine dick geschwollenen, gefühllosen Füsse. Mutter hielt mich in den Armen; Papa gab mir ein Stück Polenta zu essen. «Spürst du etwas, Regina?», fragte Attilio. «Nein, gar nichts», antwortete ich schwach. Mit besorgter Mine setzte der Partisan die Massage fort. Ich betete zu Gott, dass meine Füsse nicht erfroren seien und wir die Flucht würden fortsetzen können. Nach unendlich langer Zeit verspürte ich ein Kribbeln in meinen Füssen, welches sich langsam steigerte und immer schmerzhafter wurde; es stach wie mit tausend Nadeln. Schlussendlich konnte ich meine Tränen nicht mehr zurückhalten. «Sei tapfer, Reginetta», tröstete mich Attilio, «das ist ein gutes Zeichen; deine Füsse werden wieder durchblutet, sind also nicht erfroren!» Ich weinte vor Schmerz und Erleichterung. Ohne zu zögern zog Attilio trockene Wollsocken aus seinem Rucksack, um mir diese vorsichtig überzuziehen.

An ein Gehen war aber nicht zu denken. Abwechslungsweise trugen mich die Männer auf den Schultern durch das immer stärker werdende Schneegestöber. Plötzlich sahen wir hinter einem Hügel Rauch aufsteigen. «Wir haben's geschafft!», jubelten unsere Begleiter. «Das ist die Cà San Marco!»[10]

Mehr stolpernd denn gehend erreichten wir das massiv gebaute Steinhaus. Eine junge Bäuerin, welche von unseren Begleitern mit «Serafina» begrüsst wurde, öffnete die Tür und starrte uns erstaunt und zugleich besorgt an. Wir folgten ihr ins Haus, wo wir uns als erstes der nassen Kleider entledigten. Serafina brachte warme Decken und setzte uns in der Küche an den offenen Kamin. «In diesen Decken sehen wir aus wie Höhlenbewohner, welche sich am offenen Feuer wärmen», dachte ich halblaut. Das befreite Lachen meiner Eltern trug dazu bei, unsere Anspannung langsam abklingen zu lassen.

Serafina servierte uns eine dampfende Suppe. Die Partisanen, welche sehr hungrig waren, begannen sofort zu essen; doch die Suppe schmeckte bitter und war beinahe ungeniessbar. Da erinnerte ich mich der Suppenwürfel, welche mir Frau Cozzi in Serina mitgegeben hatte. Dank dieser Suppenwürfel, der restlichen Polenta sowie zweier Würste, welche Serafina beisteuerte, kamen wir in den Genuss eines recht schmackhaften Eintopfes.

Im Laufe des Nachmittags bemerkte Mutter plötzlich, dass Vater fehlte. Nach kurzem Suchen fanden wir ihn im geräumigen Schlafgemach. Papa lag in einem der zahlreichen Betten. Ein starker Schüttelfrost hatte sich seiner bemächtigt; die fiebrigheisse Stirn war schweissbedeckt. Luigi brachte Vater heissen, mit Wasser verdünnten und gezu-

[10] 1592 wurde der Ausbau der Verkehrswege von Morbegno nach Bergamo als Joint-venture zwischen Bünden und Venedig an die Hand genommen. Der venezianische Statthalter in Bergamo, Alvise Priuli, zeichnete für die Pläne verantwortlich und wurde auch zum Namensstifter für die neue Strasse, die „Via Priula".
Um den Ganzjahresbetrieb der neuen Alpentransversale über den Passo di San Marco sicherzustellen, wurde unterhalb der Passhöhe eine Sust, die „Cà San Marco" (Casa San Marco) erbaut.
Quelle: «Veltliner Fussreisen», Rotpunktverlag

ckerten, Wein. Kaum hatte er den Becher geleert, hörte das Zittern auf und Papa schlief ein.
Geschwächt, jedoch fieberfrei, erschien er zum Abendessen in der Küche. Serafina tischte eine feine, nahrhafte «minestra»[11] auf. Schliesslich gingen wir schlafen. Es galt, am nächsten Morgen den langen und beschwerlichen Weg Richtung Veltlin frühzeitig und ausgeruht in Angriff zu nehmen.

Um fünf Uhr morgens wurde ich geweckt. Papa war fieberfrei und fühlte sich ausgeruht. Ich kleidete mich hurtig an. Dabei schmerzte mich jeder Muskel; meine Füsse waren rot und angeschwollen. Am liebsten wäre ich sofort wieder unter die Decke geschlüpft. Ich tröstete mich mit dem Gedanken, dass ich mich in der Schweiz lange genug würde ausruhen können. Wie gut, dass ich damals noch nicht wusste, wie weit – und dies nicht nur in geografischem Sinne – wir noch von der Schweizergrenze entfernt waren!
Kaum fertig angezogen, öffnete ich das Fenster, um nach dem Wetter zu sehen; und ich sah – buchstäblich – nichts! Alles war von einem grauen Schleier verhüllt. Ich begab mich in die Küche, wo ich Vater, in ein Gespräch mit unseren drei Begleitern vertieft, antraf. Die Partisanen waren aufbruchbereit. Noch bevor ich etwas bemerken konnte, rief Papa mich und Mutter zu sich und meinte besorgt: «Der dichte Nebel kündet eine drastische Wetterverschlechterung an. Deshalb müssen unsere Begleiter leider unverzüglich nach Piazzatorre zurückkehren. Ansonsten wären sie gezwungen, in der Cà San Marco eine Wetterbesserung abwarten.»
Und wieder mussten wir von lieben Menschen Abschied nehmen; Abschied von tapferen Männern, welche uns ein

[11] Suppe

Die Casa (Cà) San Marco am gleichnamigen Pass.

Stück weit auf dem dornigen Weg in die Freiheit begleitet hatten. Mutti wollte die Kleidungsstücke, welche mir unsere Begleiter auf dem Weg zum Passo San Marco ausgeliehen hatten, zurückgeben. Die Partisanen umarmten mich der Reihe nach. Attilio fuhr mir übers Haar und sprach: «Behalte meine Wollsocken, Reginetta. Sie werden deine Füsse wärmen.» Der blonde, gut aussehende Luigi fuhr lächelnd fort: «Zieh meinen dicken Pullover über; er hüllt dich ein wie ein Kleid.» Schlussendlich grinste Francesco, der mir seine Handschuhe überlassen hatte, spitzbübisch: «Vergiss nicht, die Fäustlinge überzuziehen; sie werden deine Hände warm halten!» Dann wandten sich die Männer meinem Vater zu: «Signor Filippo, in der Cà San Marco wohnen zwei Angestellte der Elektrizitätsgesellschaft. Ihre Aufgabe ist es, die Hochspannungsleitung, welche über den Passo di San Marco ins Veltlin führt, zu kontrollieren und zu warten. Sobald sich das Wetter bessert, werden diese ‹guardafili›[12] Sie bis nach Albaredo – dem ersten Dorf im Veltlin – führen. Dort werden Sie jemanden kennen lernen, der Ihnen weiterhelfen wird.» Wir begleiteten die Partisanen bis vor das Haus. Rasch befestigten die Männer Skis an ihren Bergschuhen; ein letzter Gruss und schon hatte der dichte Nebel unsere treuen Begleiter verschluckt. Die Männer waren gezwungen, die Cà San Marco zu verlassen, ohne uns ihren Waffenbrüdern im Veltlin anvertraut zu haben; die «Partisanenkette» war gesprengt. Nun lag unser Schicksal in den Händen der «guardafili» sowie der geheimnisvollen Person in Albaredo.

Zurück im Haus, begann ich, meine Umgebung zu erkunden. Die Mauern des Hauses hatten eine Stärke von etwas mehr als einem Meter. Sämtliche Fenster zeigten sich vergittert; bergseits waren keine Fenster ausgespart worden. Eine der Hangseite vorgesetzte, massive Steinmauer in V-Form schützte das Haus vor Lawinen. Dieser Wall sollte verhindern, dass das Haus – wie in früheren Jahren geschehen – von der vollen Wucht der Lawinen getroffen und zerstört würde.

Inzwischen fielen die Schneeflocken immer dichter. Das trübe Licht eines Öllämpchens erhellte wohl notdürftig das Innere des Hauses, nicht aber unser Gemüt. Gegen Abend betraten die «guardafili» die Cà San Marco. Den einen, ein ungefähr 35-jähriger Mann, stellte uns Serafina als «Sciur»[13] Egidio vor; der andere, ein 17-jähriger Bursche, wurde vom älteren «Bocia»[14] gerufen. Sie zündeten eine grosse Petrollampe an, holten ein Kartenspiel aus der Tasche und begannen, uns mit Kartentricks und Witzen zu

[12] guarda (schaue) / fili (Drähte)
Diese Leitungskontrolleure im Hochgebirge scheuten keine Gefahr, um die Funktion der Leitungen sicherzustellen.

[13] Signore (örtlicher Dialekt)

[14] Laufbursche, Handwerksbursche

unterhalten. Der untersetzte, rotgesichtige und schnauzbärtige Egidio brachte uns mit seinem deftigen Humor immer wieder zum Lachen, derweilen die Fingerfertigkeit des schweigsamen, mageren «Bocia» alle in Erstaunen versetzte. So gelang es uns, für ein paar Stunden unsere missliche Lage zu vergessen.
Der nächste Tag brachte keine Wetterbesserung; dichtes Schneetreiben verwischte Konturen und dämpfte Geräusche. Die absolute Stille weckte in mir eine beklemmende Angst; und es sollten weitere zwei Tage vergehen, ohne dass sich die Wetterlage verändern würde. Zum Zeitvertreib zeichnete und spielte ich mit Serafinas kleiner Tochter Anna. Sciur Egidio führte uns eine Kutsche mit einem Holzpferdchen vor, die er für seine Kinder hergestellt hatte. Mutter besorgte sich von Serafina Stoffresten sowie alte Seidenstrümpfe und fertigte daraus Puppen in der typischen Tracht der einheimischen Bauern. Bald darauf sass eine der hübschen Stoffpuppen in der Kutsche und eine auf den Knien der kleinen Anna. Wie freuten sich Serafinas Töchterchen und Signor Egidio über dieses unerwartete Geschenk! Frühmorgens brachen die «guardafili» zu ihrem Kontrollgang auf. Egidio ersehnte besonders den kleinen Abstecher in sein Dorf; dort konnte er seine Kinder mit den Geschenken überraschen.
Am Abend des folgenden Tages waren die beiden Leitungswärter völlig durchnässt zurück in der Cà San Marco. Egidio entledigte sich seines grossen Rucksacks und leerte diesen vor unseren Augen. Er brachte uns Gemüse, ein Stück Käse, Butter, Würste und frisches Brot aus seinem Dorfe mit. An diesem Abend liessen wir es uns bei Speis, Trank und Kartenspiel so richtig gut gehen.
Auch am vierten Tag schneite es immer noch sehr stark. In grossen Fetzen fiel die weisse Pracht vom Himmel. Der Schnee erreichte bereits den zweiten Stock des Hauses. Wir sassen dicht gedrängt am warmen Ofen. Mutter fragte Sera-

fina, wie sie es mit ihrer Tochter an einem so einsamen Ort aushalte. Da erzählte die sympathische Frau, dass sie früher unten im Dorf, in einem schönen Haus mit grossem Garten, gelebt hätten. Eines Tages musste ihr Mann in den Militärdienst einrücken. Mit einer kleinen Tochter im Haus war es Serafina unmöglich, einer geregelten Arbeit nachzugehen. So gingen ihr allmählich die Mittel aus. Die Besitzerin des Dorfrestaurants, bei der Serafina früher angestellt war, besorgte ihr die Stelle in der Cà San Marco. Der Lohn sei zwar bescheiden; aber sie und ihre Tochter könnten hier gratis essen und wohnen. Im Sommer sei die Arbeit recht angenehm; die Bauern, welche auf der Alp ihr Vieh weiden liessen, kämen abends oft in die Cà San Marco, um sich bei Kartenspiel und Gesang die Zeit zu vertreiben. Zudem treffe man auch immer wieder Leute aus den Tälern und Städten an, welche sich bei den einheimischen Bauern mit Butter, Käse und Fleisch eindeckten. Serafina seufzte: «Wir warten sehnsüchtig auf das Kriegsende; dann können wir endlich wieder in unser Dorf und unser Haus zurückkehren!»
Als die «guardafili» am späten Nachmittag von ihrem Kontrollgang zurückkehrten, teilten sie uns mit, dass der Himmel sich langsam aufhelle und man daran denken könne, am nächsten Tag aufzubrechen. Plötzlich hörte ich Papa rufen. Die Eingangstüre stand offen und mit Erstaunen sah ich, dass die Männer Stufen in die hohe Schneemauer geschaufelt hatten. Wir stiegen diese «Treppe» hinauf – und verharrten staunend: Die untergehende Sonne stand über den schneebedeckten Gipfeln und tauchte diese in flammendes Rot. Zu unseren Füssen waberte der Nebel und versperrte die Sicht ins Tal. Es schien mir, als könnte ich auf diesen Wolken wie auf einem Teppich dahin schreiten! Viele Jahre später, als wir auf unserer ersten Flugreise hoch über den Wolken dem Ziel entgegenflogen, hatte ich einen Moment lang das Gefühl, vor der Cà San Marco zu stehen …

Wie gleissende Pfeile sandte die Sonne ihre letzten Strahlen über die Schneefelder. Im Tal unten herrschte Dunkelheit. Doch in den Bergen ging das Farbenspiel weiter. Als der Mond aufging, liess dessen kaltes, fahles Licht die Schneekristalle wie Diamanten funkeln und verwandelte die Landschaft in eine silbrig glitzernde Märchenwelt.
Am nächsten Morgen wurde ich von einem Sonnenstrahl, der seinen Weg durch das kleine Fenster gefunden hatte, geweckt. Da wusste ich, dass wir unseren Weg wohl würden fortsetzen können. Kurz darauf bemächtigten wir uns unserer Rucksäcke und Taschen und betraten die Küche, in welcher Serafina und die beiden Männer auf uns warteten. Wir tranken heissen Kaffee und konnten sehen, dass die Leitungskontrolleure, eingehüllt in ihre warmen Kleider, abmarschbereit waren. Zu meiner Überraschung sah ich, dass sie eine Art «Tennisschläger» in den Händen hielten. Sie nannten diese mir unbekannten Gebilde «Schneeschuhe». Mit einer dicken, groben Schnur banden sie ein Paar dieser «Tennisschläger» an meinen Schuhen fest. Kaum hatte ich mich von meinem Stuhl erhoben, stolperte ich und fiel der Länge nach hin. Als Egidio und sein «Bocia» auch meinen Eltern Schneeschuhe verpasst hatten, rieten sie uns, möglichst breitbeinig zu gehen; was wir, zur allgemeinen Belustigung, auch taten. Wir schwankten und torkelten wie Betrunkene auf den Schneeschuhen im Raum umher und brachen immer wieder in schallendes Gelächter aus. Unsere amüsierten Führer erklärten, dass es unmöglich wäre, ohne diese Hilfsmittel im meterhohen Schnee vorwärtszukommen.
Wir verabschiedeten uns von Serafina und ihrer Tochter. Papa wollte für Kost und Logis bezahlen, doch die Wirtin erklärte ihm zu seiner Überraschung, dass dies die beiden Partisanen aus Piazzatorre bereits erledigt hätten. Etwas ratlos klaubte Vater einige Geldstücke aus der Brieftasche und wollte diese der kleinen Anna zustecken. Resolut trat

Serafina jedoch dazwischen: «Signor Zimet, stecken Sie die Brieftasche weg! Meiner Tochter und mir fehlt es an nichts. Wir haben hier mehr als genug, um über die Runden zu kommen. Sie jedoch wissen nicht, was noch alles auf Sie zukommen wird!» Leise ergänzte Serafina: «Falls etwas schief gehen sollte, kommen Sie zu uns zurück; ich werde Sie in meinem Haus, unten im Dorfe, beherbergen!»
Beherzt nahmen wir den Aufstieg Richtung Passhöhe in Angriff. Im tiefen Schnee war kein Weg auszumachen; wir folgten den Spuren, welche die Schneeschuhe unserer Führer hinterliessen. Die Route wurde immer steiler und mühsamer. Ständig mussten wir anhalten, um die «Tennisschläger» von feuchten, klebrigen Schneeklumpen zu befreien. Die strahlende Sonne vertrieb die morgendliche Kälte und liess uns gehörig ins Schwitzen kommen. Das blendende Weiss des Schnees marterte unsere Augen. Nur der Anblick des tiefblauen, wolkenlosen Himmels verschaffte unseren tränenden und schmerzenden Augen etwas Linderung. Nach anstrengendem Aufstieg erreichten wir endlich die Passhöhe. Ein «omino di sasso»[15] markierte die Grenze zwischen den Provinzen Bergamo und Sondrio auf knapp 2000 m Höhe. Während wir ermattet und verschwitzt die frische Bergluft einatmeten, rief ich erleichtert: «Jetzt können uns die Deutschen in der ganzen Provinz Bergamo suchen; sie werden uns nicht finden!»
Ich hatte das Gefühl, bloss die Arme ausbreiten zu müssen, um davonfliegen zu können. Der ältere der beiden Männer deutete in die Tiefe: «Sehen Sie das Tal dort, weit unten? Das ist das Veltlin! Und ganz hinten, die Bergkette; auf deren Grat verläuft die Schweizergrenze!» Die Schweizergrenze – sie schien so nah! Und doch hatten wir noch einen weiten, mühsamen und gefährlichen Weg vor uns.

[15] Steinmännchen

Passo di San Marco: Der «omino di sasso» markiert die Passhöhe und zugleich die Grenze zwischen den Provinzen Bergamo und Sondrio.

Wir verliessen Passhöhe und «omino di sasso» und begannen mit dem Abstieg Richtung Veltlin. Bald merkte ich, dass dieses Unterfangen nicht weniger mühsam war als der Aufstieg zum Passo di San Marco. Ohne Schneeschuhe und Skistöcke hätte ich mich wohl kaum auf den Füssen

halten können. Beim Durchqueren eines Bergbaches lief eiskaltes Wasser in meine Schuhe. Dazu schnitten die Schnüre, mit denen unsere «Tennisschläger» befestigt waren, tief ins Fleisch. Die Schmerzen in meinen vor Kälte tauben Füssen wurden immer unerträglicher. Um nicht in Tränen ausbrechen zu müssen, biss ich auf die Lippen. Ich wusste, dass mir im Moment niemand helfen konnte und wir weitergehen mussten.
Nach – wie mir schien – einer Ewigkeit sahen wir unter uns einzelne Bäume. Mit einem Mal – wir befanden uns in einem lichten Tannenwald – erblickten wir eine kleine Holzhütte, aus deren Schornstein Rauch aufstieg. Signor Egidio pfiff gellend und erklärte, dass sein Arbeitskollege aus dem Veltlin, der uns in sein Heimatdorf Albaredo bringen werde, in dieser Hütte auf uns warte. Wir stiegen die wenigen Holzstufen hinauf und betraten ein winziges Wohnzimmer. Ein kleiner, älterer Mann mit silbergrauem Haar, welcher von seinen Kollegen mit «Miliù»[16] begrüsst wurde, bat uns, neben dem Ofen Platz zu nehmen. Er half uns aus den Schneeschuhen, welche wir – zusammen mit den Skistöcken – Egidio und seinem «Bocia» zurückgaben. Erleichtert entledigte ich mich meiner durchnässten Bergschuhe und Socken. Die Schnüre der Schneeschuhe hatten sich tief in die von Blasen übersäten, blutigen Füsse eingeschnitten. Die «guardafili» betrachteten erschrocken meine geschundenen, geschwollenen Füsse und konnten kaum glauben, dass ich den beschwerlichen Weg in diesem Zustand hatte zurücklegen können. Während wir uns ausruhten, verabschiedeten sich unsere Begleiter; sie wollten noch vor dem Eindunkeln zurück in der Cà San Marco sein. Papa machte sich daran, sie zu entlöhnen. Die «guardafili» wollten jedoch nichts davon wissen und erwiderten, dass die Partisanen sowohl sie wie auch Signor Emilio entschä-

[16] Emilio

digt hätten! Einmal mehr fühlten wir uns tief in der Schuld dieser hilfsbereiten Menschen. Von ganzem Herzen dankten wir Egidio und seinem «Bocia» und schauten ihnen nach, bis sie hinter den verschneiten Sträuchern und Bäumen verschwunden waren.

Nachdem wir uns mit einem warmen Punsch, etwas Brot, Käse und Salami gestärkt hatten, machten wir uns abmarschbereit. Emilio schnitt im Handumdrehen aus einigen Ästen Stöcke zurecht, auf die wir uns beim Gehen stützen konnten. Er mahnte zur Vorsicht, da der Schnee zwar nicht mehr allzu hoch liege, die Wege jedoch sehr stark vereist seien.

Wir waren gezwungen, sehr langsam zu gehen; einerseits wegen der tückischen Glätte, andererseits wegen der unerträglichen Schmerzen in meinen Füssen. «Miliù» führte mich den ganzen Weg über an seiner Hand, Vater und Mutter stützten sich gegenseitig.

Plötzlich kreuzten mehrere Männer unseren Weg. Diese Arbeiter einer nahen Sägerei waren Indiz dafür, dass wir uns – aus dem Niemandsland kommend – endlich wieder bewohntem Gebiet näherten. Das Dorf Albaredo war anscheinend nicht mehr weit entfernt. Immer häufiger trafen wir auf Einheimische. Jede Begegnung liess mich vor Angst zittern. Allzu Neugierigen erklärte Emilio, dass wir Verwandte aus Mailand seien. Mich stellte er als seine Nichte vor. Es dunkelte, als wir endlich in Albaredo eintrafen. Sofort führte uns Signor Emilio in sein Haus. Wie herrlich war es, sich am offenen Kaminfeuer wärmen zu können! An einer Kette über dem Feuer hing ein Kupferkessel, in dem das Wasser für eine stärkende Suppe gewärmt wurde. Emilio rüstete Butter, frisches Gemüse, Reis, Kartoffeln und Käse für die «minestrone»[17]. Kaum hatte er die köstlichen Beilagen dem Kochkessel anvertraut,

17 Gemüsesuppe; die Minestrone ist eigentlich eine «Resteverwertung» mit all jenen Zutaten, die im Haushalt verfügbar sind.

verabschiedete sich unser tüchtiger Koch: «Ich gehe etwas Brot einkaufen und werde bei dieser Gelegenheit unseren Pfarrer informieren. Dieser wird Ihnen weiterhelfen.» Wir sahen uns an: Der Pfarrer von Albaredo war also die «geheimnisvolle Person», welche uns weiterhelfen würde!

Der Duft der Gemüsesuppe breitete sich im ganzen Hause aus. Als Signor Emilio zurückgekehrt war, bat er uns zu Tisch. Mit Heisshunger begannen wir, die ausgezeichnet schmeckende Suppe zu löffeln. Kaum hatten wir den Teller geleert, vernahmen wir Männerstimmen – und schon stand der Pfarrer von Albaredo, Don Angelo Milani, in der Wohnküche. Ich starrte auf den grossen, stattlichen Mann in seiner schwarzen Soutane und seine beiden Begleiter. Don Angelo stellte einen Kessel Milch sowie ein grosses Stück Käse auf den Tisch und begrüsste uns danach herzlich. Die beiden jungen Männer, welche den als «Partisanenpfarrer» bekannten Don Angelo begleiteten, legten zwei grosse Matratzen auf den Boden und gesellten sich zu uns an die Tafel. Vater schilderte dem Pfarrer und den beiden Männern – ganz offensichtlich Partisanen – unsere Situation. Nach kurzem, nachdenklichem Schweigen erklärte Don Angelo Milani: «Der Vatikan legt uns nahe, allen Flüchtlingen, speziell auch den Juden, zu helfen. Allerdings müssen wir sehr vorsichtig handeln. Vor ein paar Tagen wurden – ganz in der Nähe – Juden, welche in die Schweiz flüchten wollten, umgebracht. Ich werde ein Schreiben an den Erzpriester[18] von Talamona verfassen und ihn darin bitten, Ihre weitere Flucht zu organisieren. Morgen früh brechen Sie nach Talamona auf. Diese Ortschaft ist für Sie zu Fuss in ungefähr zwei Stunden erreichbar. Dort besteigen Sie den Zug nach Tirano. Von diesem

[18] Priester, der eine Gruppe von Pfarreien eines Bistums (Dekanat) beaufsichtigt. Quelle: Internet

Valle di Morbegno. Im Hintergrund Albaredo und der Passo di San Marco (Pfeil).

Ort aus geleitet Sie ein Führer über die nahe Schweizergrenze. Ich bedaure es, im Moment nicht mehr für Sie tun zu können.» Die Worte des Pfarrers stimmten uns sehr nachdenklich. So umständlich und gefährlich hatten wir uns die Flucht über die Schweizergrenze wahrlich nicht vorgestellt!

Lange lagen wir wach auf unseren Matratzen in Emilios Wohnküche. Zu meinen düsteren Gedanken gesellten sich die Schmerzen in meinen dick geschwollenen, blau-violett verfärbten Füssen. Das ständige Jucken und Stechen brachte mich beinahe um den Verstand. Es sollten Jahre vergehen, bis sich meine Füsse von den Erfrierungen – die mir die Flucht über den Passo di San Marco beschert hatte – erholt hatten.

Endlich graute der Morgen. Emilio begleitete uns nach dem Morgenkaffee zur Kirche, wo Don Angelo Milani und sein Küster auf uns warteten. Don Angelo überreichte uns das

Empfehlungsschreiben zu Händen des Erzpriesters von Talamona; der Küster hatte sich bereit erklärt, uns nach Talamona zu begleiten. Don Angelo segnete uns und wünschte mir und meinen Eltern alles erdenklich Gute. Dankbar verabschiedeten wir uns von Emilio und dem gütigen Pfarrer.
Der Weg war schneebedeckt und stellenweise spiegelglatt. Die Strapazen der letzten Tage waren nicht spurlos vorübergegangen. Unsere ausgemergelten Glieder schmerzten bei jedem Schritt. Wir mussten uns beeilen, um den Zug in Talamona rechtzeitig zu erreichen. Meine Füsse machten jedoch nicht mehr mit. Sie schmerzten unerträglich und zwangen mich ständig zu Pausen. Der Küster und meine Eltern ermunterten mich immer wieder zu schnellerem Gehen. Vergeblich; die Schritte wurden immer kürzer und zaghafter. Beim kleinen Dörfchen Valle angekommen, setzten wir uns für kurze Zeit auf die zwei Steinbänklein, welche sich vor der «osteria»[19] unterhalb der Kirche befanden. Die Wirtin und ihre ungefähr 16-jährige Tochter standen auf der Schwelle, musterten uns verwundert und baten uns herein. Doch der Küster brummte: «Wir müssen weiter! Wenn wir weiterhin so langsam gehen, verpassen wir den Zug in Talamona!» Mama nahm daraufhin meine Hand und sagte eindringlich: «Los, Regina, nimm dich zusammen; noch eine Stunde; dann kannst du dich im Zug ausruhen!» Meine Beine zitterten jedoch vor Schwäche und bei jedem Schritt durchzuckte stechender Schmerz meine Füsse. Es war mir klar, dass die mit Rucksäcken und Taschen beladenen Erwachsenen mich unmöglich tragen konnten. So schleppte ich mich wortlos und mit schmerzverzerrtem Gesicht weiter.

[19] Gastwirtschaft, Schenke

Zu spät

Nach ungefähr einer Stunde befanden wir uns oberhalb des Dorfes Talamona. Bereits von Weitem sahen wir «unseren» Zug in den Bahnhof einfahren, um diesen nach wenigen Minuten Richtung Tirano wieder zu verlassen. Stumm verfolgten wir mit unseren Blicken die Eisenbahn, die uns der rettenden Schweizergrenze hätte näher bringen sollen. Zu spät! Meinetwegen hatten wir den Zug verpasst! Tränen rollten über meine Wangen, Scham und Enttäuschung röteten mein Gesicht. Wieder biss ich auf die Lippen, um nicht laut weinen zu müssen. Ich hatte in diesem Moment das Gefühl, dass mich alle hassten. Der kalte Wind trocknete meine Tränen und die Äste, die mich beim Weitergehen an Schultern und Gesicht streiften, schienen mich aufmuntern zu wollen: «Verzweifle nicht, Regina! Nur Mut!»
Gegen Mittag erreichten wir endlich Talamona. Der Küster führte uns hinter die grosse Dorfkirche und hiess uns, hier auf ihn zu warten. Mit dem Empfehlungsschreiben Don Angelos begab er sich zur Wohnung des Erzpriesters. Nach etwa einer halben Stunde trat eine junge, schlanke Frau in Begleitung des Küsters auf uns zu. Während sich dieser von uns verabschiedete, musterte uns die Unbekannte mit grossen, dunklen Augen, welche ihr blasses, scharfkantiges Gesicht dominierten. Nachdem die Frau sich als Linda und Nichte des Erzpriesters vorgestellt hatte, führte sie uns zum unterhalb der Kirche liegenden Konvent[20] der Ursulinen[21]. Dort sollten wir übernachten, um schliesslich am folgenden Tag mit dem Zug nach Tirano zu reisen. Der Erzpriester würde in der Zwischenzeit versuchen, den Führer – der

[20] Kloster, Stift
[21] Ursulinen, Ursulinerinnen: katholischer Frauenorden; heutige Tätigkeitsschwerpunkte des in zahlreichen selbstständigen Einzelklöstern und Klosterverbänden verbreiteten Ordens: Erziehungs- und Bildungsarbeit.
Quelle: Internet

uns am heutigen Tag von Tirano aus über die Schweizergrenze hätte bringen sollen – entsprechend zu informieren. «Ruhen Sie sich gut aus! Morgen früh wird Sie mein Onkel, der Erzpriester, nach Tirano begleiten!», rief uns Signorina Linda zum Abschied aufmunternd zu.

Eine Ordensschwester bat uns in einen grossen, unwirtlichen Raum im Erdgeschoss, welcher früher einmal als Esssaal – Mensa – des Konvents gedient hatte. Alle Fenster waren mit dunklen Tüchern verhängt worden, um neugierige Blicke fernzuhalten. Die Nichte des Erzpriesters sowie die Ordensschwester verliessen den Raum und liessen uns alleine in der ungemütlichen Klause zurück. Um uns warm zu halten, sassen wir eng aneinandergeschmiegt auf einer Holzbank. Es war sehr kalt, mein Magen knurrte vor Hunger. Endlich hörten wir Schritte; eine kleingewachsene Ordensschwester mittleren Alters betrat den Raum. Mit leiser Stimme begrüsste sie uns und stellte sich als «suora»[22] Anna vor. Danach legte sie die mitgebrachten Holzscheite in den Kamin und entfachte mit Hilfe meines Vaters ein wärmendes Feuer. Nachdem wir die Holzbank in die Nähe der Feuerstelle gerückt hatten, drückte Papa Schwester Anna etwas Geld in die Hand und bat sie, uns Brot zu besorgen. Mutter wärmte unterdessen Wasser in einer alten Pfanne und fügte den letzten Suppenwürfel hinzu. Die «Suppe» wurde zu guter Letzt noch mit Brot, das uns Schwester Anna gebracht hatte, angereichert – und fertig war das «Festmahl»! Nach dem Essen führte uns die kleine «suora» in den oberen Stock, wo wir in einer kleinen Kammer übernachten konnten. Wir begaben uns frühzeitig zu Bett, um am nächsten Tag frisch und gestärkt den Zug nach Tirano besteigen zu können. Kaum hatte ich mich hingelegt, begann es in meinen Zehen zu stechen. Ich musste die

[22] Schwester, Nonne

Füsse auf die aufgerichteten Knie meiner Mutter legen, um die Schmerzen abklingen zu lassen. Jedes Mal, wenn ich die Beine auf dem Bett ausstrecken wollte, kehrten die Schmerzen zurück.

Bei Tagesanbruch begaben wir uns in die Mensa. Ungeduldig warteten wir auf den Erzpriester. Ob uns in Tirano der Führer, der uns über die Schweizergrenze helfen sollte, bereits erwartete? Stunden vergingen, niemand kümmerte sich um uns. Konsterniert hörten wir den Zug, der uns nach Tirano hätte bringen sollen, in den nahen Bahnhof ein- und wieder abfahren.

Endlich, gegen ein Uhr nachmittags, erschien der Erzpriester in Begleitung eines jungen Vikars und eröffnete uns, dass wir eine andere Fluchtmöglichkeit finden müssten; die Bahnlinie nach Tirano werde von Deutschen und Faschisten[23] zu stark kontrolliert. «Gestern», fügte der Geistliche bei, «haben die Deutschen den Zug, den Sie verpasst haben, angehalten und kontrolliert. Vierzig Personen mussten sofort aussteigen; die Hälfte davon waren Juden, die anderen Russen und Engländer. Die bedauernswerten Menschen wurden am Bahndamm aufgereiht und von den Deutschen auf der Stelle erschossen!» Für einige Sekunden herrschte Totenstille; und es war nicht allein der Kälte in unserer wenig einladenden Unterkunft zuzuschreiben, dass wir fröstelten und innerlich erstarrten. Der Erzpriester fuhr mit seinen Ausführungen fort: «Sie müssen Geduld haben und einige Tage zuwarten. Öffnen Sie weder Türen noch Fenster! Benützen Sie die Treppe, die zum Schlafzimmer führt, nur in Begleitung einer Ordensschwester. Diese wird erkunden, ob sich fremde Personen – welche durchaus hie und da anzutreffen sind – im Treppenhaus befinden.

23 «Fascisti» wurden die Mitglieder der italo-faschistischen Kampfverbände genannt.

Die Leute im Dorf sind sehr neugierig und geschwätzig. Es ist nicht auszuschliessen, dass es jemandem in den Sinn kommen könnte, eine Judenfamilie zu denunzieren.» Mit einem kurzen Kopfnicken verliessen uns der Erzpriester und sein Begleiter. Wir blieben niedergeschlagen und entmutigt in unserem Refugium zurück. Welche Ironie des Schicksals! Hätten wir gestern den Zug rechtzeitig erreicht, wären wir wohl ebenfalls erschossen worden; meine schmerzenden Füsse hatten uns vor dem sicheren Tod gerettet!
Zwei Wochen lang liess sich – ausser Schwester Anna – niemand blicken. Mit Hilfe ihrer ebenfalls in Talamona ansässigen Schwester bat Suora Anna die Einheimischen um Zuwendungen für «arme Mitmenschen». So versorgte uns die gütige Ordensschwester regelmässig mit dem Allernötigsten. Mittags bereitete uns Mutter jeweils eine Suppe zu, welche wir stets heisshungrig hinunterschlangen. Gegen fünf Uhr abends, wenn es einzudunkeln begann, huschten wir in Begleitung Schwester Annas in den oberen Stock und schlüpften unter die warmen Decken unserer Betten. Morgens standen wir sehr spät auf, um die Zeit in der kalten, ungastlichen Mensa abkürzen zu können. So ersparten wir uns sowohl das Frühstück wie auch das Abendessen.
Jeden Abend brachte mir Suora Anna ein Becken mit heissem Salzwasser; darin sollte ich meine schmerzenden Füsse baden. Leider waren ihre Bemühungen vergebens; die Fussbäder brachten keine Linderung. Nur wenn ich meine Füsse hochlagerte und Mutter sie vorsichtig massierte, trat Besserung ein. Oft weinte ich vor Schmerzen und der Angst, nie mehr richtig gehen zu können.
Quälend langsam verging die Zeit; es wurde Heiligabend. Das im Kamin schwelende, feuchte Holz füllte den Esssaal mit beissendem Rauch; unsere entzündeten Augen tränten und brannten wie Feuer. Weil das Konvent unmittelbar an

Ehemaliges Konvent der Ursulinen in Talamona.

die Strasse grenzte und wir im Erdgeschoss untergebracht waren, durften wir die Fenster nie öffnen. Wir sprachen nur mit gedämpfter Stimme und hielten uns – wenn wir husten mussten – ein Taschentuch vor den Mund, um draussen nicht gehört zu werden. Über dem Feuer hing ein grosser, russgeschwärzter Kessel. Da uns die Lebensmittelvorräte ausgegangen waren, enthielt er nur mehr heisses Wasser. Ich war sehr hungrig; immer wieder zog sich mein Magen schmerzhaft zusammen. Auch meine Eltern litten, versuchten diese Tatsache jedoch vor mir zu verbergen.
Glockenklänge durchbrachen die Stille. Von den Strassen und Gassen ertönten fröhliche Kinderstimmen, welche Weihnachtslieder erklingen liessen. Der Duft gebratenen Fleisches und frisch gebackenen Brotes drang in unsere

Klause und verstärkten sowohl unseren Hunger wie auch die Gefühle der Einsamkeit und Verzweiflung. Meine Augen füllten sich mit Tränen und ich begann, leise und verschämt zu weinen. Was hatten wir verbrochen, um ein solches Schicksal zu verdienen? Wir hatten niemandem etwas zu Leide getan; und doch wurden wir verfolgt wie die schlimmsten Verbrecher.
Leises Klopfen riss mich aus meinen dunklen Gedanken. Lautlos betrat Schwester Anna unser rauchgeschwängertes Lokal. Am rechten Arm trug sie einen grossen Korb. Mit verschmitztem Lächeln entfernte sie das blau karierte Tuch, welches den Inhalt verdeckte und zauberte Brot, Butter, einige Kartoffeln, Gemüse und Äpfel auf den Tisch. «Sehen Sie her», meinte die zierliche Frau, immer noch lächelnd, «das Christkind hat auch an Sie gedacht. Ich wünsche Ihnen allen frohe Weihnachten; möge Sie der Herr beschützen!» Mit diesen Worten drückte mir Suora Anna eine kleine, runde Blechdose in die Hand, welche mit einer grünlichen Masse gefüllt war. «Schau, Regina, diese Kräuterpomade hat mir eine Bäuerin mitgegeben. Behandle damit täglich deine Füsse. Du wirst sehen, dass diese Salbe deine Schmerzen lindern wird.» Bewegt dankten wir unserer Wohltäterin, die sich danach von uns verabschiedete. Vater legte noch etwas Holz ins Feuer, während Mutter sich anschickte, aus den Köstlichkeiten, mit welchen uns das «Christkind» beschert hatte, die ersehnte Mahlzeit zuzubereiten. Bald schon hing der Kochtopf – inmitten einer dichten Rauchwolke – an einer Eisenkette über dem Feuer. Diesmal enthielt er jedoch beileibe nicht nur warmes Wasser! Allmählich verdrängte das feine, verführerische Aroma einer delikaten Suppe den penetranten Geruch des qualmenden Feuers. Wie herrlich war es, endlich wieder einmal satt ins Bett sinken zu dürfen!

Am nächsten Tag stellte uns Schwester Anna die Haushälterin eines Arztes, der anscheinend von unserer Anwesenheit erfahren hatte, vor. Die Frau wollte wissen, ob uns etwas fehle; sie dachte dabei wohl vor allem an medizinische Hilfe. Wir erwähnten meine Füsse jedoch mit keinem Wort, da wir befürchteten, dass ich umgehend in ein Spital eingeliefert worden wäre. Mama antwortete stattdessen etwas verschämt: «Wenn Sie uns einige Kartoffeln und etwas Brot besorgen könnten ...?» Da wurde der Haushälterin klar, dass es uns am Nötigsten fehlte. Berührt ob unserer Bescheidenheit, brachte sie uns bald darauf einen ganzen Korb voller Köstlichkeiten.
Zwei Tage nach Weihnachten war ich eben im Begriff, mich vom Zimmer in die Küche zu begeben. Plötzlich vernahm ich hinter der Pforte, welche zur Hauskapelle im ersten Stock führte, das Lachen und Lärmen einer Kinderschar. Es war mir nicht bekannt, dass der Erzpriester dort regelmässig die Messe für seine Religionsschüler las. Als sich die Kinder lachend und lärmend der Pforte näherten, eilte ich voller Panik zur Treppe, stolperte, verlor das Gleichgewicht und fiel polternd die Holztreppe hinunter. Nach Luft ringend rappelte ich mich auf und begab mich fluchtartig in die Küche. Mein linker Arm hing wie gelähmt am Körper; die Schulter schmerzte unerträglich. Mutter rief entsetzt: «Regina, was ist geschehen? Hast du dich verletzt?» In diesem Augenblicke betrat Schwester Anna, mit Brennholz beladen, den Raum. Als sie hörte, was passiert war, untersuchte sie besorgt meine Schulter. Sanft ergriff sie meine Hand, streichelte diese – ein kurzer Ruck, ein unterdrückter Schrei – und meine Schulter war wieder eingerenkt! «Suora Anna», dachte ich, immer noch zitternd, «Sie sind immer da, wenn Not herrscht; als hätte Sie Gott persönlich gesandt!» Draussen vor der Mensa spielte unbeschwert die fröhliche Kinderschar ...

Endlich erschien der Erzpriester doch noch! Er erzählte uns, dass man in Rom Juden, welche sich in einer Kirche versteckt hielten, verhaftet habe. Deutsche und Faschisten hätten infolge dessen Kirchen, Konvente, Klöster und Pfarrhäuser nach jüdischen Flüchtlingen zu durchsuchen begonnen. «Sie müssen diesen Ort noch heute verlassen», mahnte der Geistliche eindringlich. «Hier sind Sie nicht mehr sicher; zudem bangen die Ordensschwestern auch um ihre eigene Sicherheit.» «Wo sollen wir denn hingehen?», fragte Mutti verzweifelt. Der Erzpriester antwortete recht distanziert: «Sobald es dunkel ist, werden Sie den Fluss Adda überqueren. Die Hängebrücke befindet sich gleich unterhalb des Dorfes. Jenseits der Adda leben viele rechtschaffene Bauernfamilien. Ich bin davon überzeugt, dass Ihnen jemand weiterhelfen wird.» Da antwortete mein Vater verbittert: «Mit meiner Frau und meiner Tochter soll ich mich auf den Weg machen? Wir kennen weder Gegend noch Leute. Sämtliche Strassen werden Tag und Nacht von Deutschen und Faschisten rigoros kontrolliert. Ein solches Unterfangen wäre Selbstmord; da können wir uns auch gleich in die Höhle des Löwen begeben; das heisst, uns beim nächsten Polizeiposten melden!» «Nein, um Himmels willen, so war das nicht gemeint! Die ‹carabinieri› würden Sie sofort an die Deutschen ausliefern! Bleiben Sie für diese Nacht noch hier. Wir werden uns überlegen, wie wir Ihnen weiterhelfen könnten», entgegnete der Erzpriester verwirrt und zugleich verlegen. Da entgegnete Papa: «Wenn Sie uns wirklich weiterhelfen wollen, dann veranlassen Sie, dass Don Angelo Milani – der Pfarrer von Albaredo – zu uns nach Talamona kommt. Wir werden das tun, was Don Angelo uns raten wird: entweder nach Albaredo zurückkehren, oder unseren Weg Richtung Schweizergrenze fortsetzen.» Der Erzpriester nickte zustimmend und verabschiedete sich. Wieder verbrachten wir eine schlaflose, unruhige Nacht.

San Bello

Am nächsten Vormittag betrat der Erzpriester, zusammen mit Don Angelo Milani sowie dem Vikar, unsere «Wohnung». Es war der 30. Dezember des Jahres 1943. Don Angelo umarmte uns und bemerkte teilnahmsvoll: «Meine lieben Freunde! Es bedrückt mich sehr, Sie in dieser Situation zu sehen! Ich wähnte Sie bereits in der Schweiz! Zu meinem Bedauern ist dem jedoch nicht so; mein Amtsbruder hat mich hinlänglich informiert. Wie er mir weiter mitgeteilt hat, wünschen Sie, meinen Rat bezüglich der Fortsetzung Ihrer Flucht zu hören? Wohlan; befolgen Sie das Sprichwort, welches besagt: Andate sempre avanti e mai indietro![24] Sie müssen das Dorf Talamona, welches in der von Deutschen und Faschisten kontrollierten Talebene liegt, umgehend verlassen. Die beiden Nichten des Erzpriesters werden Sie nach Campovico zu meinem Freund Don Luigi Del Nero begleiten.» Auf den fragenden Blick meines Vaters hin, fuhr Don Angelo fort: «Campovico befindet sich jenseits des Flusses Adda, nur wenige Kilometer von Talamona entfernt. Don Luigi ist informiert und wird Ihnen weiterhelfen. Er kennt eine Bauernfamilie, die vielleicht bereit wäre, Sie so lange zu beherbergen, bis eine Flucht in die Schweiz zu verantworten ist.»
Inzwischen hatte Mama den Gästen einen Kaffee zubereitet, den diese sichtlich genossen. «Sie haben mir, Signor Filippo, von Ihrem Freund Vittorio Borsa erzählt», fuhr Don Angelo fort. «Der Vikar wird diesen in Bergamo aufsuchen und über Ihre Situation informieren. Signor Borsa wird Ihnen sicherlich ebenfalls weiterhin mit Rat und Tat beistehen. Sie sehen, wir lassen Sie nicht im Stich; seien Sie mutig und zuversichtlich!»

[24] Geht immer vorwärts und nie zurück!

Die Ausführungen Don Angelo Milanis versetzten Vater und Mutter in Aufregung. Auch in meinem Kopf purzelten die Gedanken wild durcheinander. Zugleich konstatierten wir jedoch mit Erleichterung, dass sich uns eine neue Perspektive eröffnet hatte. Dankbar drückten wir den sich verabschiedenden Priestern die Hand. Ein banger Gedanke verfolgte uns den ganzen Tag: Würde jenseits der Adda tatsächlich jemand bereit sein, einer jüdischen Familie Asyl zu gewähren?

Es begann einzudunkeln, als uns die beiden Nichten des Erzpriesters aufsuchten. Signorina Linda, welche wir bereits kennen gelernt hatten, befand sich in Begleitung ihrer jüngeren Schwester Licia. Die Frauen überreichten meiner Mutter einen langen, schwarzen Schal, wie ihn die einheimischen Bäuerinnen trugen. Wir verabschiedeten uns von Schwester Anna und dankten ihr für ihre Hilfe und Güte. Nach mehr als drei Wochen «Klausur» im Konvent fanden wir uns urplötzlich, mit unserem Gepäck beladen, auf der Strasse wieder. Schon nach wenigen Schritten begannen meine Beine zu zittern. Ich war es nicht mehr gewohnt, längere Zeit zu gehen. Wir folgten den beiden Schwestern im Abstand von etwa zehn Metern. Als wir die Hauptstrasse erreichten, war es stockfinster. Unmittelbar neben der Strasse verlief die Bahnlinie, welche von Milano über Sondrio nach Tirano führte. Seiner strategischen Bedeutung wegen wurde dieser Verkehrsweg intensiv kontrolliert. Vorsichtig und mit einem mulmigen Gefühl in der Magengegend setzten wir unseren Fussmarsch fort. Zum Glück konnten wir die Hauptstrasse nach wenigen Metern verlassen, um dann auf einem schmalen Feldweg zur Brücke zu gelangen. Das Überqueren der stark schaukelnden, alten Hängebrücke trug allerdings nichts zu unserem Wohlbefinden bei. Ohne Zwischenfälle erreichten wir jedoch das andere Ufer. Auf einer breiten Strasse, die dem

Laufe der Adda folgte, ging es weiter. Papa fragte immer wieder besorgt, wann wir Campovico erreichen würden. Nicht nur die Tatsache, sich auf einer stark kontrollierten Talstrasse bewegen zu müssen, beunruhigte ihn. In der Nähe von Campovico befand sich nämlich ein Elektrizitätswerk, welches die Bahnlinie mit Energie versorgte und entsprechend bewacht wurde. Endlich in Campovico angekommen, warteten wir etwas abseits der Strasse, während die beiden Schwestern sich zu Don Luigi Del Nero begaben, um weitere Anweisungen entgegenzunehmen. Die frische Luft und der lange Fussmarsch hatten unser Hungergefühl verstärkt. Mir schwindelte; ich fühlte mich schwach und elend. Meine Mutter sass erschöpft unter einem grossen Kastanienbaum. Besorgt bemerkten Papa und ich, wie krank Mama aussah. Kalter Schweiss bedeckte ihr leichenblasses Gesicht. «Es ist nur halb so schlimm; wenn nur mein Rücken nicht so arg schmerzen würde», beruhigte uns Mutti.

Als Linda und Licia sich wieder zu uns gesellt hatten, teilten sie uns mit, dass wir noch bis zum Dorf San Bello weitergehen müssten. Wir schlugen ein flottes Tempo an; einerseits, weil es sehr kalt war, andererseits, weil wir die Talstrasse so schnell wie möglich verlassen wollten. Vater führte Mutter am Arm. Diese bekundete sichtlich Mühe, mitzuhalten und presste ihre Hand immer wieder in die rechte Seite. Allmählich näherten wir uns dem Elektrizitätswerk. Man hatte uns mitgeteilt, dass die auf dem Gelände stationierte Wachmannschaft auch immer wieder Strassensperren errichten und Passanten kontrollieren würde. Kurz vor dem grossen, düsteren Ziegelbau verliessen wir die Strasse, um das Areal der Zentrale ungesehen umgehen zu können. Wir wollten eben, vor Erleichterung aufatmend, wieder auf die Strasse zurückkehren, als sich das schmiedeeiserne Eingangstor mit lautem Kreischen öffnete und ein bewaffneter Mann mit einem riesigen Schäferhund in den

Hoch über dem «Ponte di Ganda» und den Dächern der gleichnamigen Fraktion liegt das Dörfchen San Bello.

schwachen Lichtkegel der Strassenlaterne trat. Zum Glück bewegten sich die schwarzen Silhouetten in die entgegen gesetzte Richtung. Plötzlich begann der Hund jedoch übermütig herumzutollen und schliesslich genau auf uns zuzurennen! Zu meiner Überraschung fühlte ich – im Gegensatz zu meinen Eltern und den beiden Schwestern – überhaupt keine Angst; sogar, als mich der Hund mit seiner kalten Schnauze zu beschnüffeln begann und schlussendlich meine Hand leckte. Ich streichelte das zutrauliche Tier. Es schien, als wollte es mir sagen: «Keine Angst, Regina, ich verrate euch nicht!» Unbeirrt und ohne uns zu bemerken,

setzte der Wächter seinen Kontrollgang fort. Ein gellender Pfiff, und mein vierbeiniger Freund gesellte sich zu seinem Meister. Noch lange stand meinen Fluchtgefährten der ausgestandene Schrecken ins Gesicht geschrieben.
Endlich erreichten wir die Häusergruppe der Fraktion «Ponte di Ganda»[25] und unmittelbar danach die gleichnamige, alte Steinbrücke, welche in kühnem Bogen die Adda überspannt und der die Fraktion ihren Namen verdankt. Von dort aus führt eine schmale, kurvenreiche Strasse bergwärts. Erleichtert verliessen wir das Tal und begannen den Aufstieg.

Die schmale Strasse war steil und rutschig. Mühsam schleppten wir uns vorwärts, jedes Geräusch erschreckte uns. Die weissen Gipfel und der Fluss glänzten im Mondschein. Doch ich hatte keine Augen für die Schönheiten des Panoramas. Am liebsten hätte ich geschrieen: «Bitte, ich kann nicht mehr! Meine geschundenen Füsse schmerzen so sehr!» Jeder Stein, den ich unter meinen Sohlen spürte, schmerzte beinahe unerträglich. Trotzdem schleppte ich mich weiter. Mutti ging es immer schlechter. Sie krümmte sich unter heftigen Nierenkoliken und hing schwer an Vaters Arm. Wie aus weiter Ferne hörte ich die Stimmen der beiden Schwestern: «Haltet durch; in wenigen Minuten sind wir da!» Endlich, nach einer letzten Wegbiegung, erreichten wir einen grossen Brunnen. Die Strasse führte nun schnurgerade zu einer kleinen, weissen Kirche, welche eine Gruppe alter, grauer Steinhäuser dominierte. Wir hatten unser Ziel – das Dorf San Bello – erreicht.

Kaum angekommen, betraten die beiden Schwestern nach kurzem Klopfen eines der alten Häuser. Wir warteten draussen auf dem engen Gässchen und hörten, wie Linda

[25] Fraktion der Gemeinden Civo und Morbegno

sagte: «Signor Della Nave, wir sind auf Geheiss des Pfarrers von Campovico, Don Luigi Del Nero, zu Ihnen gekommen. Er bittet Sie, den Leuten, welche draussen warten, für ein paar Tage Unterkunft zu gewähren. Wir vernahmen eine Männerstimme, welche die Schwestern aufforderte, uns hereinzulassen. Die Tür öffnete sich und Linda rief: «Reginetta, Rosalia, Filippo! Die Familie Della Nave bittet euch, hereinzukommen!»

Augenblicke später standen wir auf der Türschwelle und schauten befangen in die Wohnküche der Bauernfamilie. Die Anwesenden staunten nicht schlecht, als sie eine bleiche Frau, einen mageren Mann sowie ein kleines Mädchen vor sich sahen! Ich schlotterte vor Angst, Kälte und Erschöpfung am ganzen Körper und starrte unentwegt auf den bärtigen Mann, welcher eine grüne Uniform trug. Dieser schien meine Blicke richtig zu deuten und sprach mit ruhiger, tiefer Stimme: «Keine Angst, ich bin kein Polizist sondern ein «alpino!»[26] Wie ich erfahren sollte, war dieser «alpino» der älteste Sohn der Familie und hiess Giovanni, wie sein Vater. Neben ihm stand seine – ebenfalls erwachsene – Schwester Angela. Die beiden Knaben, welche etwas jünger waren als ich, wurden kurzerhand auf die Gasse geschickt. Die Bäuerin Mariangela Della Nave stand neben ihrem Mann und schaute uns aus grossen, lebhaften Augen – welche einen eigentümlichen Kontrast zu ihrem eingefallen Gesicht mit dem zahnlosen Mund bildeten – an. Ihren silbrig grauen, langen Zopf hatte sie wie eine Krone um den wohlgeformten Kopf drapiert. Der schlanke, hoch gewachsene und geschmeidige Körper steckte in der typischen Tracht der einheimischen Bäuerinnen.

[26] Als «alpini» bezeichnet man die italienischen Gebirgsjäger, die als die älteste Gebirgsjägertruppe der Welt gelten.
Quelle: Internet

Mit warmer, klarer Stimme wandte sie sich an ihren Mann: «Das sind also die bedauernswerten Menschen, von denen uns Don Luigi erzählt hat!» Und mit einem raschen Seitenblick auf mich und meine Mutter, fuhr die Bäuerin fort: «Es ist offensichtlich, dass es ihnen nicht gut geht!» Uns war die Situation – wie Bettler vor diesen Leuten stehen zu müssen – mehr als peinlich. Vater trat einen Schritt vor und erwiderte: «Der Grund, warum wir uns in dieser erniedrigenden und ausweglos erscheinenden Lage befinden ist der, dass wir Juden sind!» Papa schilderte mit wenigen Worten unsere Situation und zeigte dem Familienoberhaupt, Giovanni Della Nave, unsere Ausweispapiere.
Ich musterte den Bauern verstohlen. Signor Della Nave hielt die Dokumente in seinen schwieligen Händen und liess seinen Blick zwischen den Fotos und den unverhofften «Gästen» hin und her schweifen. Die buschigen Augenbrauen schnellten in die Höhe, als er sich wieder meinem Vater zuwandte. Giovanni Della Nave gab Papa die Papiere zurück und griff sich nachdenklich an das unrasierte, mit grauen Bartstoppeln bedeckte Kinn. Wir bemerkten die besorgten Blicke, welche meiner leidenden Mutter galten. Kreidebleich lehnte Mama an der Mauer. Signora Della Nave brachte die Patientin zu einem bequemen Stuhl und wollte ihr warmen Wein zu trinken geben. Mama bat jedoch um etwas Kamillentee, der ihr von Angela auch sogleich zubereitet wurde. Währenddessen hörten wir vor dem Haus die beiden jüngsten Kinder der Familie Della Nave, welche uns mit Rufen und Klopfen auf ihre unbefriedigende Situation aufmerksam machten. Dunkelheit, Kälte und vor allem wohl auch die Neugierde trieben den 11-jährigen Luigi und den 9-jährigen Lodovico mit aller Macht in die Wohnküche zurück.

Signorina Linda trat auf uns zu und erklärte: «Meine Schwester und ich müssen jetzt nach Hause zurückkehren. Sobald uns der Vikar Nachrichten von Ihrem Freund, Vittorio Borsa aus Bergamo, übermittelt hat, werden wir Sie benachrichtigen.» Wir dankten den beiden Damen ganz herzlich.
Die Familie Della Nave war sich unserer Erschöpfung und Verzweiflung bewusst. Das Ehepaar wechselte ein paar Worte in dem für uns unverständlichen, örtlichen Dialekt. Dann wandte sich die Bäuerin uns zu und eröffnete uns bestimmt: «In diesem Zustand können Sie nicht weiter! Wir haben beschlossen, Ihnen Unterkunft zu gewähren. Sie sehen jedoch, dass wir zu sechst sind; der Platz in unserem Hause ist also sehr beschränkt. Wir hoffen, dass Sie sich für die wenigen Tage mit unserem bescheidenen Angebot werden abfinden können». Vor Erleichterung füllten sich unsere Augen mit Tränen. Bevor wir unsere Dankbarkeit in Worte fassen konnten, entzündete Signor Giovanni eine Laterne, nahm mich bei der Hand und führte mich auf die dunkle Gasse hinaus. Mutter betrat, krampfhaft den Arm meines Vaters umklammernd, ebenfalls den glitschigen, gepflasterten Weg. Dieser führte zum unteren Teil des Hauses, wo sich der Kuhstall befand. Die Wärme und der Geruch der Tierleiber umfingen uns, als wir den kleinen, niedrigen Raum betraten. Ich fühlte mich wie in einer Grotte; der Raum war gänzlich aus dem Fels gehauen worden. Auf der einen Seite des Stalles lag eine grosse Kuh auf ihrem Lager aus getrockneten Blättern; aus einer Ecke musterten uns argwöhnisch vier Hühner und ein Hahn. Einige Kaninchen und Meerschweinchen hatten sich vorsorglich hinter einer Holzkiste versteckt. Giovanni Della Nave legte eine grosse Decke auf einen Laubhaufen, wünschte eine gute Nacht und verliess unser «Schlafgemach».

Familie Della Nave 1946. Sitzend: Mariangela und Giovanni. Stehend von links: Lodovico (Vico), Giovanni (Giuanìn) mit Ehefrau Zita und Sohn Ugo, Angela (Angiolina), Luigi. *Foto: Familie Della Nave*

Mit etwas gemischten Gefühlen bezogen wir die improvisierte Schlafstätte. Nach wenigen Augenblicken hörte ich die regelmässigen Atemzüge meiner schlafenden Eltern. Ich hingegen fand in diesem stickig-warmen Raum keinen Schlaf. Zudem stachen mich die den Blättern beigemischten, stacheligen Kastanienschalen schmerzhaft durch die Decke. Ich versuchte daher, mich möglichst wenig zu bewegen. Es schien mir, als würde uns die Kuh misstrauisch beäugen. Ständig hörte ich das Rasseln der Eisenkette, mit welcher das Tier angebunden war. Ich hoffte inbrünstig, dass die Kette robust genug war, uns das Tier vom Leibe zu halten! Auch Hühner und Hahn schienen beunruhigt; die

Kaninchen näherten sich uns neugierig. Ein kleines Mäuschen huschte über die Wolldecke und eine grosse Spinne war damit beschäftig, ihr Netz fertig zu stellen. Da Vater schlief und auch Mutter entspannt und tief atmete, beschloss ich, die scheussliche Spinne im Auge zu behalten. Sie sollte uns auf keinen Fall zu nahe kommen! Minutenlang beobachtete ich das emsige Treiben des Tierchens mit wachsamen Augen, bis mir diese schlussendlich doch zufielen und ich in einen erquickenden Schlummer fiel.
Ich träumte eben von einem warmen, weichen Bett, als ich vom lauten «Muuhh» der Kuh, dem unangenehmes Stechen unter der Decke und dem Geräusch der sich öffnenden Stalltür geweckt wurde. Mit einer Laterne in der Hand betraten Giovanni Della Nave und seine Frau Mariangela den Stall, um die Kuh zu melken. Sofort richteten sie ihre besorgten Blicke auf meine Mutter. Als Mariangela und Giovanni sahen, dass Mama wach war und lächelte, erkundigten sie sich nach ihrem Befinden. Mutti versicherte, dass die unerträglichen Nierenkoliken nachgelassen hätten und sie sich bedeutend besser fühle. Die wohlige Wärme im Stalle sowie der erholsame Schlaf hätten ihr gut getan. Da teilten uns die braven Bauersleute mit, dass sie die ganze Nacht kein Auge geschlossen hätten aus lauter Angst, dass meine Mutter sterben könnte und sie die arme Frau heimlich hätten beerdigen müssen!
Es war der letzte Tag des Jahres 1943. Langsam erhoben wir uns von unserem Lager. Giovanni Della Nave reichte uns ein Kesselchen voll warmer, frisch gemolkener Milch. Ich erzählte ihm von meiner Angst vor der mächtigen Kuh und fragte, woher die Wärme im Stall herrühre. Lachend antwortete Signor Giovanni: «Unsere Kuh Picirillo tut niemandem etwas zu Leide; und die Wärme im Stall verdanken wir eben diesem Tier.» Nachdem sich Giovanni Della Nave vergewissert hatte, dass sich niemand auf der Gasse befand, verliessen wir rasch den Stall, umrundeten das grosse Haus

und begaben uns in die Wohnküche. Die beiden Knaben, Luigi und Lodovico, befanden sich in der Schule. Bevor sie an diesem Morgen das Haus verlassen hatten, mussten sie vor der kleinen Marienstatue schwören, niemandem von unserer Anwesenheit zu erzählen.

In der Küche bereitete die 20-jährige Angela das Frühstück zu; ihr bärtiger Bruder sass am Tisch und las in der Zeitung. Angela erzählte uns, dass ihr Bruder Giovanni – von allen «Guanìn»[27] gerufen – eben von der russischen Front nach Hause zurückgekehrt sei und sich im Heimaturlaub befände. Als wir etwas Brot und Käse gegessen und den Milchkaffee ausgetrunken hatten, fragten wir Signor Giovanni, weshalb das Dorf so menschenleer sei. Wir hatten, seit unserer Ankunft, keine Menschenseele gesehen oder gehört. Indem sich Giovanni Della Nave eine zünftige Prise Schnupftabak genehmigte, erläuterte er: «Die Einwohner San Bellos sind praktisch alles Bauern. Den grössten Teil des Jahres verbringen sie hoch oben in den Bergen, in der Nähe von Dazio, Civo und Roncaglia, wo die Tiere weiden können und genug Futter vorfinden. Im Juli und August steigen sie sogar noch höher, bis in die Umgebung der Bäder von San Martino. San Bello ist vor allem von Januar bis März bevölkert, wenn es in den Bergen oben zu kalt ist.»

«Und Sie, weshalb sind Sie zu dieser Zeit im Dorf?» wagte ich zu fragen. Signor Giovanni lachte, fuhr mit der Hand durch seinen dichten, grauen Haarschopf und entgegnete: «Wir sind lediglich Kleinbauern. Da ich daneben meinem Beruf als Zimmermann und Schreiner nachgehe, wohnen wir ständig hier in San Bello. Hin und wieder darf unsere Kuh mit einem befreundeten Bauern mit auf die Alp.» Nach kurzem Schweigen kratzte sich Giovanni Della Nave am Kopf und sprach, sich meinem Vater zuwendend: «Signor

[27] Im lokalen Dialekt die Verkleinerungsform von «Giovanni»

Filippo, meine Frau und ich sind der Ansicht, dass es besser wäre, wenn Sie sich tagsüber nicht in unserer Wohnküche aufhalten würden. Es kommt immer wieder vor, dass Leute kurz bei uns vorbeischauen; da ist es besser, wenn Sie nicht gesehen werden. Kommen Sie bitte mit!» Wir folgten unserem Gastgeber über eine Holztreppe in den ersten Stock und betraten dort eine kleine Kammer. Im Halbdunkel konnte ich rechterhand ein kleines Fenster und gleich gegenüber dem Eingang eine zweite Türe ausmachen, welche direkt zu den Rebstöcken und dem Gemüsegarten hinter dem Hause führte. Im Raum befanden sich zudem ein Steinofen, ein kleiner Schrank und unter dem Fenster ein Tisch mit einer Bank und zwei Stühlen. Von der Decke hingen, an Seilen befestigt, mehrere Bretter, auf denen Käselaibe reiften. In diesem Moment betrat Angela – von allen «Angiolina» gerufen – mit Brennholz und einem Kessel Wasser den Raum. «Richten Sie sich hier, so gut es geht, ein!», ermunterte uns die grossgewachsene, robuste Frau. Und schon hatten Vater und Tochter Della Nave die Kammer verlassen. Mit einer reichhaltigen Suppe, welche Mutter aus den verbliebenen Lebensmitteln zubereitet hatte, weihten wir unser neues Zuhause ein.
Gegen Abend rief uns die Familie Della Nave zu sich in ihre Wohnküche. Die Familienmitglieder sangen – von Giuanìn auf der Gitarre begleitet – wunderschöne, einheimische Lieder und verabschiedeten so das alte Jahr. Was würde uns das neue bringen? Diese bangen Gedanken begleiteten uns in den Stall, wo wir die letzte Nacht des Jahres 1943 verbrachten. Signor Giovanni hatte uns inzwischen eine schwerere Decke auf unser «Laubbett» gelegt. So konnten wir schlafen, ohne von den Stacheln der Kastanienschalen gepeinigt zu werden.
Am nächsten Morgen betraten Giovanni und Mariangela Della Nave mit einem fröhlichen «Buon Anno!» den warmen Stall. Wieder huschten wir rasch in die Wohnküche,

wo Brot, Käse sowie heisser Kaffee für uns bereitstanden. Danach stiegen wir umgehend in die kleine Kammer hoch. Der klare Wintermorgen war erfüllt vom Klang der Kirchenglocken, welche das neue Jahr einläuteten. Von der Gasse her war das muntere Stimmengewirr der Leute zu vernehmen, welche sich zur Messe begaben. In diesem Moment fühlten wir uns einsam. Wir versuchten, uns gegenseitig aufzumuntern, um dem neuen Jahr wenigstens halbwegs optimistisch entgegenblicken zu können.
Gegen Mittag klopfte es und eine Stimme raunte: «Amici!» Wir hatten vereinbart, dass wir ohne dieses Losungswort niemandem öffnen würden. Signora Mariangela betrat die Kammer und stellte einen grossen Teller mit Polenta, Tomatensauce und Kaninchenbraten auf den Tisch. Ihr folgte ihr Mann Giovanni, der uns Wein in einem grossen «boccale»[28] brachte. Einer nach dem anderen tranken wir, wie es die Tradition erforderte, einen Schluck Wein zu Ehren des neuen Jahres. Der himmlische Duft des Festmahls sowie die Herzlichkeit unserer Gastgeber wärmten unsere Herzen und vertrieben die Schwermut.
Angiolina betrat unser Zimmer und anerbot sich, mir das Dorf zu zeigen. «Du musst keine Angst haben», beruhigte mich die freundliche Frau, «um diese Zeit werden wir niemanden antreffen.» Im örtlichen Dialekt bemerkte sie: «Sarès mèi che te savèset, en dua te se trövet!»[29] Wir stiegen die Holztreppe hinunter, betraten ein schmales, gepflastertes Gässchen und richteten unsere Schritte nach links. Nach wenigen Metern befanden wir uns auf der kleinen Piazza vor der Kirche «San Benigno». Der Legende nach war der heilige Benigno der Beschützer vor Gewitter und Hagel. In dieser kleinen Kirche wurde die Messe nur einmal

[28] Traditioneller Trinkkrug
[29] Sarebbe meglio che tu sapessi dove ti trovi. Es wäre besser, wenn du wüsstest, wo du dich befindest.

San Bello: Kirche San Benigno.

im Jahr gelesen, nämlich am 15. Februar, dem Tag des heiligen Benigno. Ansonsten besuchten die Bewohner von San Bello den Gottesdienst in Campovico. Giovanni Della Nave war Kirchendiener, hatte die Schlüssel in seiner Obhut und war für den Unterhalt des kleinen Gotteshauses zuständig.

Näherte sich ein Gewitter, läutete Signor Giovanni die Glocken, um die Einwohner zu warnen. Diese hofften, dass der heilige Benigno das Tal vor dem heranziehenden Unwetter schützen würde.
Von der Piazza aus gesehen auf der rechten Seite der Kirche befand sich ein kleiner Anbau, in dem Brennholz und Reisigbündel gelagert wurden. Hinter dem aus groben Steinen gemauerten Anbau fiel das Gelände steil ab. Wir setzten unsere «Exkursion» fort und betraten das zweite Gässchen, welches sich unterhalb unseres Hauses zwischen Häuserreihen und Kirche hindurchzwängte. Die uralten Häuser waren aus dunklem Granit gemauert und lehnten aneinander, als suchten sie Halt. Die Wohnküchen mit dem grossen, offenen Kamin befanden sich im Erdgeschoss. Dieses betrat man von der oberen, höher gelegenen Gasse aus. In den Wohnküchen, auf den Holzbänken vor der offenen Feuerstelle oder am grossen Esstisch, fand das Familienleben statt. Im Untergeschoss wurden Lebensmittel sowie Weinfässer im grossen, kühlen Keller gelagert. Dieses Untergeschoss erreichte man vom unterhalb der Häuserreihe gelegenen Gässchen aus. Dort befanden sich auch die kleinen, dunklen Stallungen. Alle Häuser besassen hölzerne Aussentreppen, welche in den oberen Stock zu den Schlafgemächern sowie Räucherkammern führten. Die Aborte befanden sich mehrheitlich ausserhalb des Hauses. Solche «gabinetti» hatte ich allerdings noch nie gesehen! Die «Toilette» der Familie Della Nave war ein kleines Steinhäuschen inmitten des Gartens. In der Holztür war ein Guckloch ausgespart. Näherte sich jemand, rief der «Insasse» kräftig: «Occupato!»[30] Im Inneren des «Häuschens» überspannte ein etwa 30 Zentimeter breites Brett eine recht tiefe Grube. Es brauchte einiges an Geschick, um auf diesem

[30] Besetzt!

schmalen Planke das Gleichgewicht zu halten und somit zu verhindern, dass man in das übel riechende Loch fiel. Der Inhalt der Grube wurde regelmässig mit Laub zugedeckt, bis sie schlussendlich voll war. Danach wurde die Latrine mit Kesseln geleert und der Inhalt als Dünger verwendet.
In San Bello verfügten die Häuser über keinerlei Wasseranschluss. Das kostbare Nass musste von einem ungefähr 150 Meter vom Dorf entfernten Brunnen, welcher von den einheimischen Frauen auch als «lavatoio»[31] benutzt wurde, mit Kupferkesseln ins Haus getragen werden. Der Dorfbrunnen war Treffpunkt der – vor allem auch – jüngeren Dorfbewohner. Während die Tiere getränkt und die Wäsche gewaschen wurde, erzählte man sich Witze, sang, lachte und vertrieb sich so die Zeit. Ich wagte mich nicht bis zum Brunnen vor, weil sich dieser unmittelbar an der Hauptstrasse befand.
Meine Eltern und ich übernachteten weiterhin im Stall, da sich in der kleinen Kammer, welche uns zur Verfügung stand, keine Betten befanden. Die Tiere freundeten sich langsam mit uns an. «Picirillo», die Kuh, leckte mit ihrer rauen Zunge das grobkörnige Salz von meiner Hand. Auch das Federvieh war bei unserem Anblick nicht mehr aus der Ruhe zu bringen. Sogar das weisse Huhn, welches Signor Giovanni immer auf Schritt und Tritt folgte, liess sich von mir streicheln. Kaum hatte ich mich jeweils zur Ruhe gelegt, näherten sich die Kaninchen und Meerschweinchen um zu sehen, ob ich ihnen wieder frische Blätter, welche sie mir aus der Hand frassen, mitgebracht hatte. So war es mir gelungen, im kleinen, düsteren Stall Freunde zu gewinnen, welche mich immer wieder aufheiterten. Die Katze «Micio» begleitete mich jeden Tag vom Stall in die Kammer, wo ich mit ihr spielte.

[31] Waschtrog

Im Verlaufe der nächsten Tage wurden wir immer unruhiger, da wir noch keinerlei Nachrichten von unserem Freund Vittorio Borsa aus Bergamo erhalten hatten. Die Gelassenheit und Gastfreundschaft der Familie Della Nave halfen uns über diese Tage der Ungewissheit hinweg. Nach zwei Wochen klopfte es und Signorina Linda aus Talamona stand atemlos vor uns. Sie teilte uns mit, dass sie selber nach Bergamo zu Herrn Vittorio Borsa gereist sei, da der erkrankte Vikar die Reise nicht habe antreten können. «Es war schwierig, Herrn Borsa davon zu überzeugen, dass Sie zwar immer noch in Italien, jedoch wohlauf sind; dies vor allem auch darum, weil in Serina anscheinend das Gerücht die Runde macht, dass die Deutschen Sie in der Nähe der Schweizergrenze verhaftet und umgebracht hätten!»
Signorina Linda erzählte, sie habe bei der Familie Borsa in Bergamo übernachtet und sei dann mit Frau Borsa nach Serina gefahren. Dort hätten sie unsere Freundin aus der Schweiz, Frau Diethelm, aufgesucht. Diese habe – mit Frau Borsa zusammen – ein Lebensmittelpaket für uns geschnürt. Linda erklärte, dass sie diese Esswaren zu Hause in Talamona für uns eingelagert habe.
Mit einem freundlichen Lächeln auf den Lippen schmeichelte Linda: «Morgen wird Herr Borsa persönlich vor Ort erscheinen, um einen Führer zu organisieren, der Sie sicher in die Schweiz bringen wird. Folgen Sie mir nun nach Talamona und seien Sie unsere Gäste! Meine Schwester Licia und ich werden für ein reichhaltiges Abendessen sorgen und Ihnen warme, weiche Betten zur Verfügung stellen. So werden Sie morgen frisch und ausgeruht Vittorio Borsa empfangen können.»
Nach Lindas atemlosem Wortschwall schauten sich meine Eltern wortlos an. Ruhig erwiderte Mutti: «Wir danken Ihnen herzlich, Signorina Linda. Was aber wird geschehen, wenn es Herrn Borsa morgen nicht gelingen sollte, einen Führer zu finden? Könnten Sie uns in einem solchen Falle

auch für längere Zeit beherbergen?» Etwas perplex starrte Linda meine Mutter an und anwortete kleinlaut: «Nun, ich weiss nicht; daran habe ich nicht gedacht. Es würde jedoch schwierig sein, Sie länger als eine Nacht bei uns unterzubringen.» Signor Giovanni und seine Frau Mariangela – welche wir gebeten hatten, dem Gespräch beizuwohnen – schienen Lindas Einladung eher skeptisch gegenüberzustehen. Von ihren vielsagenden Blicken ermutigt, fuhr Mama fort: »Falls die Familie Della Nave einverstanden ist, werden wir Herrn Borsa hier erwarten. Diese Bauernfamilie gewährt uns seit nunmehr zwei Wochen Unterkunft. Viel lieber schlafen wir weiterhin im Stall, als für eine Nacht in einem weichen Bett in Talamona unser Leben zu riskieren!» Signorina Linda antwortete beleidigt: «Nun gut; machen Sie, was Sie wollen. Ich werde Herrn Borsa nach San Bello führen, auch wenn dies für mich sehr umständlich ist! Zudem werde ich Ihrem Freund aus Bergamo mitteilen, dass Sie sich geweigert hätten, ihm bis Talamona entgegenzukommen!» Mit diesen Worten verliess uns Linda grusslos. Kaum hatte sie die Wohnküche verlassen murmelte Signor Giovanni: «Die feine Dame wollte sich Ihrem Freund Vittorio Borsa wohl als selbstlose, hilfsbereite Gastgeberin präsentieren; dies ist ihr ziemlich gründlich misslungen ...» Vater und Mutter nickten zustimmend und nachdenklich.

Am nächsten Vormittag sassen wir am Ofen unserer «Käsekammer», wie wir unsere – dezent nach dieser Delikatesse riechende – Unterkunft liebevoll nannten. Plötzlich hörten wir draussen Schritte. «Amici!» Kaum hatte ich die kleine Holzpforte geöffnet, sah ich mich Vittorio Borsa gegenüber. Als er uns abgemagert, traurig und in fadenscheinigen Kleidern sah, umarmte und küsste er uns mit Tränen in den Augen. «Welch ein Glück, Sie lebend vorzufinden!» Gerührt feierten wir unser Wiedersehen. Linda und ihre jüngere Schwester Licia, welche Herrn Borsa nach

San Bello begleitet hatten, umarmten und küssten uns ebenfalls. Dies überraschte mich sehr und ich wusste instinktiv, dass diese Gesten der Zuneigung nicht von Herzen kamen. Vor allem Licia – die bedeutend kleiner und rundlicher, jedoch auch umgänglicher und aufrichtiger war als Linda – war diese Begrüssung offensichtlich recht peinlich.

Als Herr Borsa sich mit Kaffee und einigen steinharten «biscotti»[32] gestärkt hatte, begann er zögernd zu sprechen: «Liebe Freunde, was ich Ihnen jetzt mitteilen muss, betrübt mich sehr: Die Partisanen, welche Sie in die Schweiz hätten führen sollen, haben mir mitgeteilt, dass dies vor dem Frühjahr unmöglich sei. Die Gebirgspässe seien tief verschneit. Zudem würden die Grenzübergänge von deutschen Eliteverbänden streng überwacht. Letzten Monat seien über fünfzig jüdische Männer, Frauen und Kinder – praktisch in Sichtweite der schweizerischen Grenzwächter – von Deutschen aufgegriffen worden. Die Bedauernswerten wurden vorläufig in Sondrio inhaftiert.[33] Ich bitte Sie also, sich zu gedulden und – falls irgendwie möglich – in San Bello zu verweilen.»

Bedrückt und verunsichert baten wir Signor Giovanni Della Nave, welcher uns in seiner rücksichtsvollen Art mit Herrn Borsa alleine gelassen hatte, in die Kammer. Nachdem Giovanni Della Nave das Zimmer betreten und die Türe vor den neugierig blickenden Schwestern aus Talamona wieder geschlossen hatte, schilderte ihm Herr Borsa die Situation. Aus den Augenwinkeln beobachteten meine Eltern und ich immer wieder Giovanni Della Nave, der mit stoischer Ruhe zuhörte. Kaum hatte unser Freund aus Ber-

32 Biskuits

33 Am 12. bzw. 16. Dezember 1943 wurden an der Schweizergrenze 64 Menschen jüdischen Glaubens aufgegriffen. Sie wurden zuerst in Sondrio, danach in Mailand inhaftiert und später nach Auschwitz transportiert. Dort sind sie praktisch alle in den Gaskammern umgekommen.

gamo fertig gesprochen, verliess Signor Giovanni nachdenklich und wortlos unsere Kammer, um sich mit seiner Frau Mariangela zu beraten. Wir sassen wie auf Nadeln. Nach wenigen Minuten war Signor Della Nave in Begleitung seiner Frau zurück und eröffnete uns trocken: «Wir lassen Sie nicht im Stich. Sie bleiben bei uns in San Bello, bis es möglich sein wird, mit Hilfe tüchtiger Führer die Schweizergrenze zu passieren.» Stumm drückten wir dem Ehepaar in tiefer Dankbarkeit die Hand.
In diesem Moment betraten die beiden Schwestern, welche draussen gewartet hatten, den Raum und riefen wie aus einem Munde: «Schauen Sie mal, was wir Ihnen mitgebracht haben!» Mit diesen Worten öffneten sie eine grosse Tasche und brachten Mehl, Reis, konserviertes Fleisch, Butter und Öl zum Vorschein. Dazu gesellte sich ein verführerisch duftender Hasenbraten. Zudem entnahmen sie der Tasche diverse Kleidungsstücke, welche wir nur allzu gut gebrauchen konnten. Vittorio Borsa wehrte unseren überschwänglichen Dank lächelnd ab: «Sie sehen, meine Lieben, Ihre Freunde in Bergamo und Serina haben Sie nicht vergessen!» Linda ergänzte, die leere Tasche schliessend und freundlich lächelnd: «Die restlichen Lebensmittel, welche mir Frau Diethelm und Frau Borsa mitgegeben haben, befinden sich – wie gesagt – bei uns in Talamona. Ich werde Ihnen diese in wenigen Tagen persönlich nach San Bello bringen!»
Gegen Mittag verabschiedeten wir uns von Vittorio Borsa. Dieser umarmte Vater, steckte ihm einige Banknoten zu und erklärte: »Ungefähr alle zwei bis drei Wochen werde ich nach Talamona reisen, um Ihnen Lebensmittel und Geld zu bringen. Der Weg von Talamona durch die überwachte Talebene nach San Bello ist für mich zu riskant. Linda und Licia werden – als junge, in der Region ansässige Frauen – hingegen kaum Verdacht erwecken und so die ‹Handelskette› schliessen können.» Wir empfanden Vitto-

Das Refugium der Familie Zimet: die «Käsekammer».

rio Borsa gegenüber tiefe Dankbarkeit. Vater drückte ihm innig die Hand: «Lieber Vittorio, wir stehen wie Almosenempfänger vor Ihnen! Wir können nur hoffen, nach dem Krieg unsere Schuld – wenigstens die materielle – begleichen zu können!» Indem unser Freund Mutter und mich

umarmte, antwortete er: «Wir helfen Ihnen gerne und so gut wir können; was nach dem Krieg sein wird, werden wir sehen!»
Kaum hatte uns Vittorio Borsa verlassen, nahm Linda meinem Vater den grössten Teil des Geldes aus den Händen und säuselte zuvorkommend: «Vertrauen Sie mir dieses Geld ruhig an, Signor Filippo! Ich werde Ihnen damit auf dem Schwarzmarkt Lebensmittel kaufen!» Mit diesen Worten verliess Linda, in Begleitung ihrer Schwester, unsere Kammer. Mariangela und ihr Mann, welche die Szene beobachtet hatten, schüttelten die Köpfe. Signor Giovanni brummte:» Diese Linda ist unehrlich und verschlagen ... Sie werden dies eines Tages schmerzhaft erfahren!»
Als wir tags darauf unser Zimmerchen betraten, sahen wir, dass die an Seilen hängenden Bretter mit den reifenden Käselaiben entfernt worden waren. Aus grossen, ungehobelten Brettern zimmerte uns Giovanni eben eine breite Bettstatt. Auf unsere erstaunten Blicke hin erläuterte der sehnige Mann: «Es ist bitter kalt in den Bergen. In wenigen Tagen werden auch die letzten Bauern San Bellos mit ihren Tieren in ihr Dorf zurückgekehrt sein und bis im März hier bleiben. Sie können sich dann nicht mehr ungesehen von der Kammer in den Stall begeben. Wir werden Ihnen in diesem Zimmer ein Bett einrichten.»
Am Nachmittag polsterte Angiolina das Lager mit Laub, derweilen die Kinder Luigi und Lodovico die grosse Decke aus dem Stall darüberlegten. Unser Bett war fertig! Bereits in der ersten Nacht merkten wir, dass es in unserer Kammer merklich kühler war als im Stall. Auch war der Platz im «neuen Bett» für drei Personen reichlich knapp bemessen. Ich vermisste zudem meine grossen und kleinen tierischen Freunde im Stall. Trotzdem waren wir froh, nicht mehr Angst haben zu müssen, auf dem täglichen Weg zwischen «Käsekammer» und Stall gesehen zu werden. Zudem blieb «Micio», die Katze, weiterhin meine treue Begleiterin.

Eines Tages bekamen wir unerwarteten Besuch von Schwester Anna aus Talamona. Nach herzlicher Begrüssung entnahm sie ihrem grossen Tragkorb eine Dose Kräutersalbe für meine immer noch schmerzenden Füsse sowie zwei warme Wolldecken. «Bei dieser Kälte werden Ihnen diese Decken nützlich sein», meinte die kleine, bescheidene Frau. Wie Recht sie hatte! Obwohl wir – gezwungenermassen – eng aneinandergedrängt schliefen und zusätzlich unsere Mäntel über die Decke legten, froren wir jede Nacht auf unserem engen, unbequemen Lager. Da wir wussten, dass unsere Gastgeber ihr Möglichstes taten, um uns zu helfen, dachten wir selbstverständlich gar nicht daran, sie um ein komfortableres Nachtlager zu bitten.
Quälend langsam vergingen die Tage. Ich klammerte mich an mein geliebtes Tagebuch, dem ich auch hier – in der kleinen «Käsekammer» – meine Gedanken, Beobachtungen und Sehnsüchte anvertraute. Angiolina sowie die Knaben Lodovico – welcher von allen «Vico» genannt wurde – und Luigi brachten uns regelmässig Wasser vom Dorfbrunnen in die Kammer. Natürlich teilten wir die Lebensmittel, welche uns Linda aus Serina mitgebracht hatte, mit der Familie Della Nave. Es war für uns beruhigend zu wissen, dass Linda und Licia in ihrem Heim in Talamona – nebst weiteren Lebensmittelpaketen – auch unser Geld verwalteten. Unsere Versorgung schien demzufolge gesichert. Wir konnten zu diesem Zeitpunkt noch nicht ahnen, dass wir uns diesbezüglich gründlich geirrt hatten!

Ihr versteckt Juden

Zuerst wurde die Geschichte den beiden Knaben Vico und Luigi, später den Einwohnern San Bellos aufgetischt: Meine Mutter habe einen deutschen Akzent, weil sie Schweizerin und die Schwester von Tante Ernestina sei. Ernestina war die erste Frau von Mariangelas Bruder und seit Jahren tot; somit konnte niemand den Wahrheitsgehalt dieser Aussage überprüfen. Papa indessen sei Kalabrese und wir hätten vor den alliierten Truppen, welche in Sizilien gelandet seien und nordwärts vorrückten, fliehen müssen. Wir hatten als fiktiven Wohnort Kalabrien gewählt, weil wir dort – im Konzentrationslager Ferramonti – ein Jahr lang interniert gewesen waren und somit die Örtlichkeit wie auch Gewohnheiten und Sprache der Leute einigermassen kannten. Weiter erzählten wir, dass wir in Mailand bei Verwandten Unterschlupf gefunden hätten, bis deren Haus von Bomben getroffen worden sei; unser sämtliches Hab und Gut sei dabei verloren gegangen. Mariangelas Onkel hätte uns nach San Bello gebracht, wo wir ein paar Monate lang verweilen sollten. Meine Mutter – und vor allem auch Vater – seien noch krank, schwach und erholungsbedürftig und liessen sich deshalb sehr selten blicken.

Ich hatte begonnen, Vico und Luigi bei den Hausaufgaben zu helfen. Die italienische Sprache war mir inzwischen beinahe so vertraut wie die deutsche. Je länger unser Aufenthalt in San Bello dauerte, desto heimischer fühlten wir uns im Hause der Familie Della Nave. Abends, wenn sich niemand auf den Gassen des Dorfes befand, rief uns Mariangela immer wieder in die Küche um uns Gesellschaft zu leisten. Alle sangen zu Giuanìns Gitarrenbegleitung melodiöse Lieder, während der Weinkrug die Runde machte und Mariangela Schafswolle sponn. Vater Giovanni Della Nave, den ich mit der Zeit «zio» – Onkel – nannte, arbeitete unter der Woche in einer Schreinerei im Val Gerola. Kaum kehrte er an den Wochenenden nach San Bello zurück, begab er sich als erstes in die «Käsekammer», um sich nach unserem Befinden zu erkundigen und mit Papa über die politische Lage zu diskutieren. Angiolina, die in Morbegno in einer Konservenfabrik arbeitete, brachte Papa jeden Abend die Zeitung mit; so waren wir bezüglich der politischen Geschehnisse stets bestens informiert. Sonntags, wenn schönes Wetter herrschte, spannten Angiolina und Mariangela ein grosses Leintuch auf der Terrasse auf. So konnten wir den Sonnenschein im Freien geniessen, ohne neugierigen Blicken ausgesetzt zu sein.

Wie versprochen, erschien Linda eines Tages in San Bello und übergab uns ein Paket mit Esswaren, welches sie zu Hause für uns aufgehoben hatte. Sie teilte uns mit, dass die Vorräte damit leider erschöpft seien und sie nächste Woche nach Bergamo zu der Familie Borsa reisen würde, um sich dort mit Lebensmitteln einzudecken. Kaum hatte Linda den Heimweg angetreten, teilten wir die Köstlichkeiten mit unseren Gastgebern, welche es sich nicht leisten konnten, Esswaren zu Schwarzmarktpreisen zu kaufen.

Nach und nach begannen die Einwohner San Bellos, mit ihrem Vieh von den höher gelegenen Weiden in ihr Dorf zurückzukehren. Wir getrauten uns kaum noch, unsere Nasen zur Tür hinauszustrecken. Das kleine Fenster wurde abends und nachts von einem dunklen Tuch abgeschirmt; niemand sollte von draussen Licht sehen und Verdacht schöpfen. Das Aborthäuschen konnten wir ab sofort nur noch bei Einbruch der Dunkelheit aufsuchen. Es wurde uns allmählich bewusst, wie schwierig und gefährlich es war, sich in einem Dorfe – in dem sich alle Leute kannten und auf engstem Raume zusammen wohnten – verstecken zu müssen.

Eines Tages betrat Mariangela unser Refugium und kicherte: «Heute wurde ich gefragt, weshalb der Kamin der ‹Käse-

kammer› rauche. Ich habe geantwortet, dass wir drei Salami räuchern würden; zudem sei der Käse noch nicht ganz trocken.» Trotz unserer bangen Situation brachen wir in lautes Lachen aus; ja, wir waren in der Tat drei «poveri salami»![34] Die Leute liessen sich jedoch mit dieser «Salamigeschichte» nicht abspeisen; dies umso mehr, als dass sie – vor allem bei Einbruch der Dunkelheit – immer wieder verdächtige Gestalten im Gemüsegarten der Familie Della Nave herumhuschen sahen. Am darauffolgenden Sonntag besuchte uns Zio Giovanni in unserer Kammer. Nachdenklich sagte er: «Die Leute im Dorf werden immer misstrauischer. Sie müssen sich in nächster Zeit im Ort sehen lassen! Erzählen Sie den Einwohnern von Ihrer Flucht aus Kalabrien, der Bombennacht in Mailand und der Flucht nach San Bello. Ich hoffe, dass diese erfundene Geschichte die Neugierde der Leute stillen und deren Gemüter besänftigen wird!»
Ich war die Erste, welche sich im Dorfe blicken liess. Ein Mädchen würde kaum Misstrauen erwecken, zudem sprach ich – wie erwähnt – fliessend Italienisch. Meine Eltern, so machte es in San Bello die Runde, seien immer noch krank und müssten im Zimmer verweilen. Niemand hatte jedoch damit gerechnet, dass das ständige Fliehen und Verstecken bei mir Spuren hinterlassen hatte. Ich verhielt mich wie ein scheues Tier. Jedes noch so kleine Geräusch liess mich aufschrecken. Beim Anblick fremder Menschen begann ich zu zittern. Kurz entschlossen nahm mich Signora Mariangela eines Morgens unter ihre Fittiche. Sie begleitete mich auf einen Spaziergang durchs Dorf. «Nein, Reginetta, nimm den Kopf nicht zwischen die Schultern! Lauf nicht so schnell mit eingezogenen Schultern den Hauswänden entlang! Sprich mit den Leuten und renne

34 «Povero salame» bedeutet in der Umgangssprache etwa so viel wie «armer Trottel / Hanswurst».

nicht vor ihnen davon! Schau mir zu!» Geduldig brachte mir Mariangela Della Nave bei, mich wieder angstfrei unter Leuten zu bewegen. Als wir schlussendlich in die Wohnküche zurückgekehrt waren, ergriff sie meine Hände: «Reginetta», die gütige Frau schaute mir in die Augen, «du musst in Zukunft sehr stark sein. Das Überleben eurer Familie und auch dasjenige der Familie Della Nave hängt davon ab, wie gut du die Rolle der ‹Reginetta aus Kalabrien› spielst.»

So begab ich mich regelmässig in die Wohnküche der Familie Della Nave und holte täglich Wasser am Dorfbrunnen. Die wenigen Leute, denen ich begegnete, gewöhnten sich rasch an den Anblick der «Reginetta aus Kalabrien».

Am 15. Februar wurde in San Bello, wie üblich, das Fest des heiligen Benigno gefeiert. Bauernfamilien aus der näheren Umgebung bevölkerten den Ort. Am Morgen wurde die Messe in der kleinen Dorfkirche zelebriert, am Nachmittag vertrieben sich die Gäste und Einwohner in der «Osteria della Teresa» mit Wein, Kartenspiel und Gesang die Zeit. Ihr fröhliches Lachen, Singen, Rufen und Lärmen war bis in unsere Kammer zu hören. Aufgeräumt betrat Angiolina Della Nave unsere Kammer. Sie forderte mich auf, mit ihr einen Rundgang zu machen, um das festliche Treiben miterleben zu können. Nach wenigen Schritten blieb ich wie versteinert stehen. Trotz des «Trainings» mit Mariangela Della Nave erschien mir der Anblick so vieler Menschen bedrohlich. Ich musste mich zwingen, nicht auf der Stelle davonzulaufen; der Drang, mich in unserer Kammer oder gar im Stall – bei meinen grossen und kleinen Freunden – zu verstecken, schien übermächtig. In diesem Moment fühlte ich, wie mir Angiolina ihren Arm um die Schultern legte. «Komm, Reginetta, nur Mut!» Entschlossen führte sie mich auf den Dorfplatz. Als ich feststellte, dass mich kaum jemand beachtete, fasste ich Mut und richtete

«Untere Gasse» mit Kellergeschoss des Hauses Della Nave in San Bello. Der zweite Eingang führt in den Stall.

mich – auch im eigentlichen Sinne – wieder auf. So begann mein «neues» Leben in der Öffentlichkeit.
Getreu der Ermahnungen Signora Mariangelas spielte ich die Rolle der kleinen Reginetta aus Kalabrien. Regelmässig besuchte ich mit der Familie Della Nave die Messe, um die

Leute an meinen Anblick zu gewöhnen. Da ich mir der Tatsache bewusst war, dass der katholische Glauben nicht der meine war, geriet ich in einen Gewissenskonflikt. Papa beruhigte mich, indem er mir erklärte, dass alle Kirchen das Haus Gottes seien und ich überall für die Gesundheit und Errettung unserer Familie beten könne. Dies tat ich beim nächsten Kirchgang. Während ich vor dem Altar kniete und das «Ave Maria» mitsang, schloss ich für einen Augenblick die Augen und bat – auf Deutsch – um Gottes Schutz und Segen.

Ich war glücklich darüber, nicht mehr endlose Tage, eingeschlossen in unserem kleinen Zimmer, verbringen zu müssen. Dank meiner regelmässigen «Ausflüge» schien es mir, als verginge die Zeit wie im Fluge. Wurde ich von neugierigen Leuten – vor allem Kindern – auf unsere Herkunft angesprochen, erzählte ich ihnen Geschichten aus «Kalabrien, meiner Heimat». Ahnungslos und interessiert lauschten sie meinen zum Teil erfundenen und abenteuerlichen Erzählungen. Signorina Linda tauchte immer seltener auf; immer kleiner und kärglicher präsentierten sich die Lebensmittelpakete, die sie uns überbrachte. Die Sardinen und Sardellen, welche uns Angiolina hie und da aus Morbegno mitbrachte, waren wohl sehr lecker, regten unseren Appetit jedoch nur noch stärker an. Anlässlich ihres letzten Besuches erzählte Linda, dass Herr Borsa sich von den Faschisten überwacht fühle und sich deshalb im Moment nicht mehr getraue, mit Esswaren und Kleidern nach Talamona zu reisen. Auch müssten wir mit dem Geld in Zukunft sparsamer umgehen, da sich die Reserven langsam erschöpfen würden. Dies verwunderte uns sehr, da die Lebensmittel, welche uns Linda nach San Bello brachte, schlussendlich Spenden unserer Freunde aus Bergamo waren. Wo waren die Ersparnisse, welche Vater Linda und Licia anvertraut hatte, geblieben? Meine Eltern waren sehr

beunruhigt und aufgebracht. Die Ersparnisse sollten vor allem dazu dienen, in der Schweiz eine neue Existenz aufzubauen, um danach unseren Verpflichtungen gegenüber unseren Helfern – allen voran den Familien Della Nave und Borsa – nachkommen zu können. Als wir bei der erstbesten Gelegenheit Signor Giovanni darauf ansprachen, schüttelte dieser den Kopf und brummte: «I gnamò capii che quèla le l`è falsa?»[35]
Allmählich wurde es milder. Die Pflanzen begannen zu blühen und die – zum Teil von ihren Winterquartieren im Süden zurückgekehrten – Vögel verstärkten mit ihrem fröhlichen Gezwitscher die Vorfreude auf den Frühling; eine Vorfreude, welche durch die immer kritischer werdende Versorgungslage stark getrübt wurde. Signorina Linda erschien kaum mehr in San Bello; demzufolge schrumpften unsere Vorräte bedenklich. Zwei Tage vor Ostern erschien Linda endlich! Sie überreichte uns jedoch lediglich einen kleinen Sack mit getrockneten Kastanien mit der lakonischen Bemerkung, dass dies für die Ostertage reichen sollte! Als Linda gegangen war und Signor Giovanni wenig später unsere «Ostervorräte» bemerkt hatte, schlachtete er kurzerhand drei Meerschweinchen und teilte das kärgliche Fleisch mit uns. Meerschweinchenbraten mit Kastanien; ein wahrlich ungewöhnliches – und leider kaum sättigendes – Ostermahl! Zum Glück tauchte am Ostermontag Schwester Anna aus Talamona auf. Wie eine gute Fee stellte sie Polenta, Teigwaren sowie eine neue Dose Kräutersalbe auf den Tisch. Peinlich berührt teilte sie uns mit, dass Signorina Linda nicht mehr bereit sei, den Weg von Talamona nach San Bello zurückzulegen. Wollten wir uns weiterhin Geld oder Lebensmittel besorgen, müssten wir uns selbst nach Talamona bemühen.

35 Non avete ancora capito che quella lì è falsa? Habt ihr noch nicht kapiert, dass diese dort «falsch» (unehrlich) ist?

Von nun an musste ich – von Luigi, Vico oder Angiolina begleitet – jede Woche den Weg nach Talamona zurücklegen. Die etwa fünf Kilometer lange Strecke wurde von Polizisten und faschistischen Truppen intensiv überwacht und kontrolliert. Ich befürchtete ständig, angehalten und festgenommen zu werden. Doch irgendwie gelang es mir jedes Mal, mit gleichgültiger Miene an den schwer bewaffneten Männern vorbeizugehen.
Eines Morgens befand ich mich in Begleitung von Luigi auf dem Weg nach Talamona. Luigi war ein sehr intelligenter Knabe; er hatte bald einmal bemerkt, dass an der Geschichte der «Reginetta aus Kalabrien» etwas nicht stimmen konnte. Doch der wortkarge, schlaksige Junge schwieg und brachte uns nie mit Fragen in Verlegenheit. Kaum hatte uns Linda in Talamona empfangen, greinte sie mit weinerlicher Stimme: «Lebensmittel, Esswaren! Was meint ihr, wie schwierig es ist, solche zu organisieren? Wir selber haben kaum etwas zu essen!» Wie um Lindas Worte Lügen zu strafen, entströmte der Küche ein herrlicher, verführerischer Duft nach gebratenem Fleisch – eine Tortur für unsere knurrenden, rebellierenden Mägen! Ich versicherte der Dame, dass wir nicht gekommen seien um mitzuessen, sondern lediglich um einen Teil der uns zustehenden Lebensmittel, welche Signor Borsa in Talamona für uns deponiert hatte, nach San Bello zu bringen. Mit hochrotem Kopfe hiess uns Linda zu warten. Im Hauseingang stehend, kamen Luigi und ich uns vor wie Bittsteller. Die mürrische Signorina erschien, überreichte uns wortlos drei braune Papiersäcke und schlug uns die Türe vor der Nase zu. Während wir den Heimweg antraten, begutachteten wir Lindas «Gaben». Diese bestanden aus steinharten Brötchen, Mehl, Zwiebeln und einigen – recht matschigen – Kartoffeln. Waren die Lebensmittelvorräte, welche wir den Borsas aus Bergamo verdankten, tatsächlich erschöpft? War es den Schwestern Linda und Licia wirklich nicht mehr

möglich, uns mit dem ihnen anvertrauten Geld die nötigen Esswaren zu besorgen? Luigi schien meine Gedanken zu erraten: «Diese Frau ist alles andere als ehrlich! Hast du mitbekommen, wie giftig und böse sie mit uns gesprochen hat? Wie eine Viper!» Ich nickte Luigi bestätigend zu. Wie eine Viper! Tatsächlich hatte uns Signorina Linda mit dem Gift des Misstrauens infiziert. Mir wurde in diesem Moment bewusst, dass uns die Schwestern aus Talamona hintergingen. Luigi und ich fühlten uns entmutigt und niedergeschlagen.

Auf der Hauptstrasse gelang es uns, ein Fuhrwerk anzuhalten und den auf dem Bock sitzenden Bauern zu überreden, uns bis nach Morbegno mitfahren zu lassen. Wir versprachen ihm dafür eines unserer Brötchen. Der schweigsame Mann erklärte sich damit einverstanden und nahm uns bis ins Zentrum von Morbegno mit. Als ich ihm das Brötchen überreichte, drückte er mir eine Lira in die Hand und sagte mit vielsagendem Blick: «Cara fiöla,[36] ich nehme von Leuten, welche selber kaum über das Nötigste verfügen, keine Geschenke an. Es reicht mir, dass ich ein solches Brötchen nicht viel teurer auf dem Schwarzmarkt habe kaufen müssen.» Wir dankten ihm und strebten heimwärts. Nachdem wir den Ponte di Ganda überquert hatten und bergwärts Richtung San Bello strebten, beschlossen wir, uns eines der Brötchen zu teilen, um so unsere knurrenden Mägen zu beruhigen. Als ich das Brot entzweibrach, stellten wir mit Schrecken fest, dass es verschimmelt war. Wir beschleunigten unsere Schritte, weil wir befürchteten, dass sich der Bauer betrogen fühlen und uns deshalb verfolgen würde. Luigi wiederholte immer wieder: «Mamma mia, was für eine Schande!»

Beschämt und erschöpft erreichten wir San Bello. Luigi erzählte alles seinem Vater und empörte sich zum Schluss:

[36] Mädchen (örtlicher Dialekt)

«Linda hat uns wie Vagabunden empfangen und behandelt!» Erst viel später erfuhren wir, wie geschickt das Fräulein aus Talamona unseren Freunden aus Bergamo Geld und Lebensmittel abgepresst hatte: Sie erzählte den Borsas von unseren unverhältnismässigen Bedürfnissen, von unserer Verschwendungssucht und dass wir mit dem Gebotenen nie zufrieden seien. Es stellte sich auch heraus, dass Linda Geld und Lebensmittel, welche uns Herr Borsa – angeblich auf unseren Wunsch hin – zusätzlich geschickt hatte, für sich behalten hatte!

Eines Tages eröffnete uns die Familie Della Nave, dass es für Mutter Zeit werde, sich im Dorfe zu zeigen. Papa hingegen sollte immer noch den «Kranken» mimen und somit in der Kammer bleiben. Ich selber gab mich weiterhin als «Reginetta aus Kalabrien» aus. In den Erzählungen spielten auch meine Verwandten und Bekannten aus Leipzig eine Rolle. Ich passte ihre Namen lediglich der italienischen Sprache an; meine Cousins Marcel und Edi wurden so zu Marcello und Edoardo, ihr Vater Adolf kam als Adolfo zu Wort, Onkel Josef hiess fortan Giuseppe – und so weiter. So verlor ich mich während des Erzählens oft in einer fiktiven, irrealen Welt, welche wenig mit der Realität zu tun hatte.

In Tat und Wahrheit wurde diese Realität immer trister und hoffnungsloser. Das Netz der deutsch-faschistischen Truppen wurde in Oberitalien immer engmaschiger. Unser Freund Borsa musste den Kontakt ins Veltlin vorsichtshalber abbrechen lassen. Dies bedeutete, dass Linda – von uns Kindern nur noch «la vipera»[37] genannt – und Licia keinerlei Lieferungen mehr aus Bergamo erhielten. Diese Tatsache schien die Schwestern zu frustrieren. Eines Tages erschien eine aufgebrachte Linda in San Bello und keifte, an Mariangela Della Nave gewandt: «Sie verstecken Juden in Ihrem Hause! Schicken Sie sie sofort weg! Falls die Zimets

37 Die Viper

von den Deutschen oder Faschisten entdeckt werden sollten, werden Sie alle umgebracht!» Danach begab sie sich zu uns in die Kammer: «Die Faschisten und die Deutschen sind überall! Verlassen Sie San Bello! Sie wollen doch nicht, dass Ihre unschuldigen Gastgeber ebenfalls umgebracht werden!» Als sich die aufgebrachte Dame schlussendlich auf den Heimweg machte, liess sie eine zutiefst verunsicherte Mariangela Della Nave und eine eingeschüchterte, zu Tode erschrockene Flüchtlingsfamilie zurück. Wir konnten es uns – nach dieser Tirade – nicht erklären, weshalb wir von Linda nicht längst denunziert worden waren. Waren es ihre Schwester Licia oder die Angst vor der Reaktion ihres Onkels – des Erzpriesters aus Talamona – welche sie davon abhielt, uns den Faschisten zu verraten? Wollte sie einfach auch weiterhin noch von den Hilfssendungen der Familie Borsa profitieren? Auf jeden Fall hatten wir nach Lindas Besuch keine ruhige Minute mehr. Kaum hatte sie San Bello verlassen, schickte Mariangela ihre Tochter Angiolina nach Santa Croce, einem kleinen Dorfe oberhalb von San Bello. Sie sollte ihren Vater Giovanni, welcher sich an seinem Arbeitsplatz im Val Gerola befand, anrufen und ihm mittels des vereinbarten Codeworts mitteilen, dass Gefahr bestand und er sich sofort auf den Heimweg begeben sollte.

Wir sassen entmutigt in unserer Kammer. Würden wir wohl unser Refugium in San Bello verlassen müssen? Wohin sollten wir uns in diesem Falle wenden? Zwischen Hoffen und Bangen erwarteten wir die Ankunft des Familienoberhauptes. Zusammen mit seiner Frau Mariangela würde er über unser weiteres Schicksal zu entscheiden haben. Da betrat plötzlich Giuanìn – der älteste Sohn Giovannis – unser Zimmer. Er schien bedrückt. Als ihn Vater mit einem fragenden und zugleich aufmunternden Blick ansah, begann Giuanìn zu erzählen: «1943 diente ich bei den ‹alpini›, den italienischen Gebirgsjägern, an der russischen Front. Zu Beginn des Winters begann der grosse Rückzug der deutschen Truppen. Auch wir wollten uns dem Konvoi der Deutschen anschliessen; doch diese hinderten uns zum Teil mit Gewalt daran. Einige meiner Kameraden versuchten, die Ladeflächen der Lastwagen zu besteigen. Daraufhin begannen die Deutschen, mit ihren Bajonetten und Gewehrkolben auf Arme, Hände und Finger einzuschlagen. Mehrere Männer meiner Einheit verloren so Finger oder sogar die ganze Hand. Tagelang schleppte ich meinen schwer verletzten Leutnant durch die kalte Schnee- und Eiswüste. Immer wieder bat er mich, ihn liegen zu lassen, um so wenigstens mein Leben zu retten. Doch ich weigerte mich, seiner Bitte stattzugeben. Mit letzter Kraft gelang es mir, meinen Kommandanten zu einem Sanitätsposten des italienischen Roten Kreuzes zu schleppen. Von dort aus wurden wir mit Lastwagen nach Deutschland verfrachtet; dies, obwohl wir baten, nach Italien gebracht zu werden. Erst nachdem wir uns schriftlich dazu verpflichtet hatten, die deutschen Truppen in ihrem Kampfe gegen die Alliierten und Partisanen zu unterstützen, durften wir in die Heimat zurückkehren. Nun geht mein Urlaub zu Ende und ich werde mich in den nächsten Tagen bei meiner Kommandostelle in Sondrio melden müssen.»

An meinen Vater gewandt, fragte Giuanìn mit leiser Stimme: «Signor Filippo, was kann ich tun, um nicht mehr an der Seite der Deutschen kämpfen zu müssen?» Giuanìns Frage überrumpelte Vater sichtbar und liess ihn nach Worten ringen. Welche Alternativen standen zur Auswahl? Wohl nur eine: Fahnenflucht! Konnte und durfte er – angesichts der damit verbundenen Risiken – dem jungen Mann dazu raten? Giuanìn, welcher seinen Blick unverwandt auf Papa gerichtet hielt, schien dessen Gedanken erraten zu haben. Er drehte sich unvermittelt um und verliess den Raum.

«Obere Gasse» in San Bello; direkt über der Gasse der Balkon, welcher vom Wohnhaus der Familie Della Nave (Gebäude links) zur «Käsekammer» (Gebäude rechts) führt.

In der Zwischenzeit war Giuanìns Vater, Giovanni Della Nave, in San Bello angekommen. Als ihm seine Frau Mariangela von Lindas Besuch erzählt hatte, rief Giovanni sofort die ganze Familie zusammen. Es war ein regnerischer, trüber und kühler Tag. Die Ungewissheit liess uns beinahe verzweifeln. «Ihr versteckt Juden; damit bringt ihr alle in Lebensgefahr!» Mit ihren hysterisch vorgebrachten Vorwürfen hatte die «Viper» Unsicherheit, Angst und Panik gesät; würde diese Saat aufgehen? Wäre es nicht mehr als nur verständlich, wenn die Familie Della Nave nun endlich auch an ihre eigene Sicherheit gedacht hätte? Zu dieser Sicherheit trug die jüdische Familie in ihrem Hause wahrlich nicht bei!
Nach etwa einer Stunde, welche uns wie eine Ewigkeit vorkam, hörten wir die schweren Schritte Giovanni Della Naves auf der Holztreppe. Nachdem er uns – wie immer – freundlich begrüsst hatte, bat er Vater, mit ihm einen kleinen Spaziergang im Garten hinter dem Hause zu machen. Ich blieb alleine mit meiner Mutter im Zimmerchen zurück. Wir wagten es nicht, einander anzuschauen. Nach einer halben Stunde erschien Vater, setzte sich zu uns an den Tisch und erzählte, was ihm Giovanni mitgeteilt hatte.
«Signor Filippo», hatte unser Gastgeber zu Papa gesagt, «Mariangela hat mir von Lindas Besuch und ihren Drohungen erzählt. Was denkt sich diese Frau? Eine Flucht aus San Bello wäre zum jetzigen Zeitpunkt Selbstmord! Ich habe zudem aus zuverlässiger Quelle erfahren, dass die ‹Dame› Ihr Geld veruntreut. Linda kaufte immer wieder teure Lebensmittel, Kleider und sogar Kosmetikartikel auf dem Schwarzmarkt ein; dies lässt sich auf Dauer nicht verheimlichen. Ich muss Sie wohl kaum fragen, ob Sie je etwas von diesen Artikeln gesehen haben?! Wir können nur hoffen, dass es Linda nicht in den Sinn kommt, euch zu denunzieren. Wie Vorkommnisse in anderen Dörfern der Umgebung bewiesen haben, würden – nebst Ihnen – auch wir, als

‹Gastgeber›, kaum mit dem Leben davonkommen. Um zum Schluss zu kommen: Ich wollte Ihnen, Signor Filippo, mitteilen, dass wir einstimmig beschlossen haben, Sie, Ihre Frau und Ihre Tochter auch weiterhin in unserem Hause zu beherbergen; und zwar so lange, bis eine Flucht in die Schweiz zu verantworten ist.»

Papa schwieg bewegt. Wir waren berührt von der Grossmut, der Hilfsbereitschaft und Nächstenliebe dieser bescheidenen Leute. Schliesslich entluden sich unsere Emotionen; Mutter und ich liessen unseren Tränen freien Lauf, derweil sich Vater am Ofen zu schaffen machte. Als wir uns etwas gefasst hatten und uns Giovanni Della Nave zuwenden wollten, hatte dieser den Raum bereits verlassen.

Einen Tag später fuhr mich Zio Giovanni mit dem Velo nach Talamona. Ich begab mich zum Wohnhaus der beiden Schwestern und sagte zu Linda: «Die Familie Della Nave lässt Ihnen ausrichten, dass sie nicht bereit sei, uns in die Höhle des Löwen zu schicken. Falls unser Schicksal besiegelt sein sollte, wird es uns in San Bello ereilen.» Ich bat Linda, uns die verbliebenen Ersparnisse auszuhändigen. Nachdem sie sich von ihrem Erstaunen erholt hatte, antwortete sie mit hysterischer, überschnappender Stimme: «Geld, Geld; davon ist seit langem nichts mehr übrig! Was meint ihr, wie teuer Fleisch, Reis, Brot, Teigwaren, Mehl und Öl auf dem Schwarzmarkt sind! Dazu musste ich für das Herumreisen viel Geld ausgeben. Alles, was ich euch in letzter Zeit nach San Bello gebracht habe, sind Geschenke meines Onkels, des Erzpriesters!» Zitternd vor Wut entgegnete ich, dass man wohl kaum weit herumreisen und viel Geld ausgeben müsse für eine Handvoll halb verfaulter Kartoffeln und Zwiebeln sowie schimmeliges Brot. Ruhiger werdend fügte ich hinzu: «Möge Gott Ihnen alles Gute – und Böse – vergelten!» Schnell drehte ich mich um und eilte davon; ich konnte die Tränen der Wut und der Enttäuschung nicht

mehr zurückhalten. Zum Glück wartete Giovanni ganz in der Nähe. Vorne auf seinem Fahrrad sitzend, fühlte ich mich sofort wieder geborgen. Der Fahrtwind trocknete meine Tränen und ich konnte Zio Giovanni die Begegnung schildern. Der gute Mann klopfte mir auf die Schultern und schmunzelte: «Brava Reginetta, das hast du gut gemacht. Ich habe von dieser ‹Dame› nichts anderes erwartet. Ihr ist nicht zu trauen. Wir können nur hoffen, dass wir mit ihr nichts mehr zu tun haben werden.» Leider hofften wir vergebens! Nur allzu bald sollte uns die «Viper» wieder begegnen und grosse Verwirrung stiften.
Fortan waren wir noch stärker auf die Hilfe unserer Gastgeber angewiesen. Deren kümmerliche Lebensmittelvorräte mussten nun auch noch für uns reichen. Der älteste Sohn, Giuanìn, war nach Sondrio gefahren, um sich bei seiner Einheit zurückzumelden. Seine Mutter, Mariangela, war untröstlich und weinte den ganzen Tag. Vater Giovanni hingegen verbarg seinen Kummer hinter einer mürrischen Verschlossenheit. Mama riet Mariangela, das Zimmer Giuanìns so zu belassen, als sei er immer noch zu Hause. Nach ihrer – etwas abergläubischen – Auffassung sollte diese Massnahme dafür garantieren, dass Giuanìn gesund wiederkehre.
Drei Tage nach Giuanìns Abreise befand ich mich mit Angela auf der Terrasse der Wohnküche. Hoch über Morbegno war die Sicht atemberaubend. Wir überblickten das weite Tal sowie die vielen Strassen und Wege, welche von Morbegno zum Ponte di Ganda führten. Wer auch immer zu uns wollte, musste die alte Brücke, welche sich unmittelbar unter uns befand, überqueren. Plötzlich umklammerte Angiolina meine Hand und rief atemlos: «Schau, Reginetta, der Mann auf der Brücke – ist das nicht mein Bruder Giuanìn!?» Noch war die Distanz zu gross, um einen Irrtum auszuschliessen. Wer auch immer es war: Die Ähnlichkeit mit Angiolinas ältestem Bruder Giovanni war

jedenfalls frappant. Nach fünfzehn Minuten waren alle Zweifel ausgeräumt; die Haustür wurde aufgerissen und vor uns stand, ausser Atem, Giuanìn! Nach kurzem Zögern setzte er sich auf einen Stuhl und keuchte erregt: «Von diesem Augenblick an bin ich vogelfrei, ein Deserteur![38] Auf Befehl unseres Kommandanten sollten wir gegen einheimische Partisanen vorgehen. Ich fühlte – und fühle – mich ausserstande, auf unsere Freunde und Brüder zu schiessen. Deshalb bin ich anlässlich unseres ersten Einsatzes geflohen. Niemand hat mich dabei beobachtet. Wahrscheinlich meinen sie, ich sei von Partisanen gefangen genommen worden.» Erschöpft und verzweifelt verstummte Giuanìn. In der Wohnküche herrschte Totenstille. Jüdische Flüchtlinge und ein Deserteur im Hause Della Nave – die Situation schien ausweglos!

Tage später überraschte uns Signorina Linda mit ihrem Besuch. Zu unserer Verblüffung umarmte sie uns, stellte eine grosse Tasche auf den Tisch, musterte uns triumphierend und verkündete theatralisch: «Schauen Sie, es ist mir gelungen, auf dem Schwarzmarkt von Brescia und Monza Lebensmittel zu organisieren! Zudem habe ich in Mailand Herrn und Frau Borsa aufgesucht. Sie eröffneten mir, dass sich in Serina immer noch Kleider und Haushaltgegenstände, welche Sie bei Ihrer Flucht den Borsas anvertraut haben, befänden. Ich bat das Ehepaar Borsa, mir diese Habseligkeiten auszuhändigen. Auf dem Schwarzmarkt hätte ich damit einiges an Geld einlösen können.» Linda runzelte die Stirn und fuhr fort: «Die Signori Borsa waren jedoch nicht bereit, mir diese Dinge ohne Ihr Einverständnis anzuvertrauen.» Um ihrer Geschichte mehr Gewicht zu verleihen,

[38] Fahnenflucht, Desertion oder Desertation bezeichnet das Fernbleiben eines Soldaten von militärischen Verpflichtungen. Der fahnenflüchtige Soldat wird als Deserteur bezeichnet.
Quelle: Internet

behauptete Linda, dass Herr Borsa eine Lösung gefunden habe, um uns die Flucht in die Schweiz zu ermöglichen. Das Vorhaben sei jedoch äusserst gefährlich und der Fluchtweg – der zuerst nach Varese und von dort über die Grenze führen sollte – weit. «Ich bin jedoch bereit, das Risiko auf mich zu nehmen, Sie zu begleiten und Ihr Geld sowie Ihre Taschen in den Zug zu schmuggeln. Wir würden in getrennten Zugabteilen reisen und so tun, als würden wir uns nicht kennen, falls wir von Faschisten oder Deutschen kontrolliert würden», referierte unsere «Wohltäterin». Lindas Vorschlag – und vor allem auch der Fluchtplan, welcher Signor Borsa angeblich ausgeheckt hatte – überraschten uns sehr. Tatsächlich war dieses Vorhaben äusserst gefährlich; es war nahezu ausgeschlossen, dass eine Flucht auf diese Weise gelingen konnte. Alle Züge, vor allem auch diejenigen Richtung Varese, wurden ausnahmslos kontrolliert, die Dokumente der Reisenden penibel überprüft. Nach kurzem Nachdenken entgegnete Papa, dass er sich mit Giovanni Della Nave – nach dessen Rückkehr von der Arbeit am Wochenende – beraten werde. Signorina Linda antwortete leicht säuerlich, dass wir uns mit der Antwort beeilen müssten. Sie erwarte uns in den nächsten drei Tagen in Talamona. Zudem benötige sie eine schriftliche Vollmacht, um über unser gesamtes Hab und Gut verfügen zu können. Nur so sei es möglich, eine Flucht in die Schweiz organisieren – und vor allem finanzieren – zu können.

Wir waren verwirrt und verunsichert. Die ganze Geschichte schien uns reichlich konfus. Doch Linda sprach anscheinend im Sinne unserer Freunde in Bergamo; zudem wiederholte sie immer wieder, dass wir mit unserer Gegenwart in San Bello die Familie Della Nave aufs höchste gefährden würden und untermauerte diese Aussage mit Geschichten von Gräueltaten an der Zivilbevölkerung, welche deutsche und faschistische Verbände anscheinend in benachbarten Dörfern begangen hatten. Der Gedanke, dass wir mit unserer Anwesenheit die Familie Della Nave ins Verderben stürzen könnten, war unerträglich. Steter Tropfen höhlt den Stein; zum ersten Male seit unserer Flucht erlebte ich meinen Vater ratlos und verzweifelt. Er haderte mit dem Schicksal und spielte mit dem Gedanken, sich beim nächsten Polizeiposten zu melden. Vorerst wollten wir jedoch die Rückkehr Giovannis abwarten, um seinen Rat einzuholen.

Unterdessen hatten sich die meisten Bewohner San Bellos mit ihren Tieren wieder auf die Alpweiden begeben. So war das Dorf praktisch menschenleer. Je näher der Sommer rückte, desto schwieriger wurde das Beschaffen von Lebensmitteln; dies vor allem, wenn das Geld fehlte, um sich auf dem Schwarzmarkt einzudecken. Am Freitagmorgen half ich – auf einer Treppenstufe sitzend – Luigi, dem älteren der beiden Knaben, bei seinen Hausaufgaben. Vico, Luigis jüngerer Bruder, spielte direkt unter uns vor dem Eingang zur Wohnküche mit einem etwa gleichaltrigen Knaben. Kichernd und prustend schauten die beiden Knirpse immer wieder zu uns empor. Nichts ahnend unterhielt ich mich mit Luigi. Dieser unterbrach meine Ausführungen plötzlich, beugte sich zu mir und flüsterte: «Reginetta, die beiden betrachten dich von unten her wohl etwas genauer ...!» Deshalb also das Kichern und Lachen! Wartet nur, ihr Schlingel! Indem ich mich so gleichgültig wie möglich erhob, sagte ich – auch für die beiden kleinen «Späher» klar vernehmbar – zu Luigi: «Einen kleinen Moment, ich hole nur schnell meine Farbstifte!» Im Zimmer füllte ich eine Schüssel mit Wasser und begab mich wieder zurück auf meinen Platz. Und tatsächlich: Kaum hatte ich mich wieder gesetzt, hatten die beiden Spitzbuben ihren «Beobachtungsposten» wieder besetzt. Mit einer blitzschnellen Bewegung entleerte ich den Inhalt der Schüssel auf die beiden Neugierigen, welche sich – begleitet von unserem Gelächter – mit hochroten Köpfen aus dem Staube machten.

Da bog – wie aus dem Nichts – ein uns unbekannter Mann um die Hausecke, näherte sich rasch und fragte uns, ob hier ein gewisser Giovanni Della Nave wohne; er müsse diesen dringend sprechen. Luigi und ich erstarrten; wir dachten beide das Gleiche: Fragte der Unbekannte nach Vater Giovanni oder Giuanìn, den Deserteur? Ich löste mich aus meiner Erstarrung und antwortete, so gleichgültig wie möglich: «Mein Onkel kommt erst heute Abend von der Arbeit nach Hause.» Der Mann erwiderte: «Nein; ich suche den Soldaten Giovanni!» Da klingelten sämtliche Alarmglocken in meinem Kopfe; jetzt musste die Familie Della Nave auf mich zählen können; so wie wir – seit Wochen – auf sie. «Angriff ist die beste Verteidigung!» Ich entsann mich dieses Ratschlags, den mir Vater einst erteilt hatte. «Sagen Sie uns die Wahrheit! Geben Sie zu, dass die Partisanen auch meinen Cousin erschossen haben!», schrie ich hysterisch und begann laut zu schluchzen und zu weinen. Perplex starrte mich der Unbekannte an. Er hatte wohl alles erwartet, nur nicht einen solchen Gefühlsausbruch. Alle weiteren Fragen, welche er uns zweifelsohne stellen wollte, blieben ihm im Halse stecken. Als der Mann meine Verzweiflung – welche in Tat und Wahrheit nur teilweise gespielt war – bemerkte, versuchte er, mich zu beruhigen: «Keine Angst, kleines Mädchen! Giovanni ist zwar seit einigen Tagen verschwunden; es ist jedoch keineswegs sicher, dass er tot ist; auch wenn ihm wahrscheinlich etwas Aussergewöhnliches zugestossen sein muss. Ich bin Militärpolizist und meine Aufgabe ist es, herauszufinden, wo sich dein Cousin befindet.» Mit dem Versprechen, uns zu informieren, sobald Giovannis Schicksal geklärt worden sei, verschwand der Gendarm. Erst, als wir ihn von der Terrasse aus den Ponte di Ganda überqueren sahen, atmeten wir auf. Erstaunt sah mich Luigi an und raunte: «Reginetta, wie hast du es nur geschafft, so überzeugend zu schauspielern und den Polizisten damit hinters Licht zu führen? Hätte ich nicht gewusst, dass sich mein Bruder in seiner Kammer versteckt hält – ich hätte dir ebenfalls geglaubt!» Von diesem Tag an kam niemand mehr nach San Bello, um nach Giuanìn zu fragen. Die Episode der «hysterischen Cousine» schweisste die Familien Della Nave und Zimet noch enger zusammen; das gegenseitige Vertrauen wurde grenzenlos.

Am Samstag erfuhr Vater Giovanni von Lindas verantwortungslosem Fluchtplan. Umgehend beriet er sich mit seiner Familie. Nach wenigen Minuten teilte uns Giovanni das Resultat der Besprechung kurz und bündig mit: «Solange es keinen sicheren Weg über die Schweizergrenze gibt, bleiben Sie bei uns in San Bello!»
Diese Mal entschloss sich Mariangela Della Nave, mich nach Talamona zu begleiten: «Reginetta, hab keine Angst; Linda wird uns nicht beissen!» In Talamona angekommen, öffnete uns die kleine Licia. Freundlich bat sie uns in die Wohnküche, wo sie uns eine Tasse heisse Schokolade auftischte; für uns eine unglaubliche, fast vergessen gegangene Köstlichkeit! Linda betrat die Wohnküche, worauf sich Licia mit gesenktem Kopfe zurückzog. Nach kurzer Begrüssung teilte ihr Mariangela mit, dass eine Flucht über Varese in die Schweiz nicht in Frage käme. Auch sei die Familie Zimet nicht bereit, die gewünschte Vollmacht bezüglich der Veräusserung unseres Besitzes auszustellen. Mariangela hatte kaum fertig gesprochen, als Linda mich mit wütendem Blick anfauchte: «Ihr setzt die Familie Della Nave grösster Gefahr aus! Die Deutschen werden euch alle töten und das Haus anzünden!» Ausser sich vor Wut wandte sie sich an Mariangela: «Wenn Sie und diese Juden den Krieg überleben sollten, werden die Zimets Ihnen ‹cia, ciao›

Garten der Familie Della Nave. Links das WC-Häuschen, in der Bildmitte der Eingang zur «cantina» (Weinkeller), unter dem Vordach (oberer, rechter Bildrand) befindet sich die Hintertüre zur «Käsekammer».

sagen; Sie werden Ihre jüdischen ‹Gäste› nämlich nie mehr sehen. Erwartet keine Dankbarkeit von Juden!» Mariangela erbleichte und schwieg. Zum Glück betrat in diesem Moment Lindas Onkel, der Erzpriester, den Raum. Vom Gezeter und Geschrei seiner Nichte verunsichert, öffnete er eine Schublade und reichte Mariangela und mir einige Biskuits. Ganz offensichtlich wusste er nichts von den Machenschaften seiner Nichte. Linda erzählte ihm mit schmeichelnder Stimme, dass sie bereit gewesen wäre, uns zur Flucht in die Schweiz zu verhelfen. Leider

wüssten wir mit ihrem selbstlosen Angebot nichts anzufangen, sondern würden mit unserer egoistischen Sturheit unsere Gastgeber in San Bello in höchste Lebensgefahr bringen.
Die hinterhältigen Lügen der «Viper» versetzten mich dermassen in Wut, dass ich dem Erzprister mutig die ganze Geschichte erzählte; Mariangela unterstützte mich immer wieder mit aufmunternden Blicken und Kopfnicken. Der asketisch wirkende Mann hörte mit unbewegter Miene zu. Wenig später verliessen wir das Haus. Dass sich der Geistliche gegenüber der ganzen Angelegenheit in keiner Weise geäussert hatte, enttäuschte uns zutiefst.
Nach einer Woche suchte uns Signorina Linda erneut auf und begann sogleich, sowohl die Familie Della Nave wie auch uns einzuschüchtern. Mit penetranter Hartnäckigkeit versuchte sie zudem, uns zur Flucht zu überreden. Da sah ich, wie Papa und Giovanni Della Nave die Köpfe zusammensteckten. Plötzlich stand Vater mit einem Ruck auf, trat entschlossen vor die junge Frau und sprach mit ruhiger, aussergewöhnlich ernster Stimme: «Wenn uns die Faschisten auf der Flucht im Zug verhaften und einsperren sollten, werden sie uns womöglich foltern, um weitere Informationen zu erhalten. Vielleicht würde es meiner Frau und mir trotz der Torturen gelingen, Stillschweigen zu bewahren; sicher jedoch nicht unserer Tochter Regina. Sollten die Faschisten ihr oder ihren Eltern Leid zufügen, würde meine Tochter sämtliche Namen ausplaudern; auch den Ihren, Signorina Linda, und diejenigen Ihrer Schwester und Ihres Onkels! Was mit Leuten geschieht, die Juden unterstützen und zur Flucht in die Schweiz verhelfen, muss ich Ihnen ja wohl kaum erzählen! Eine solch waghalsige Flucht würde also nicht nur uns gefährden, sondern auch Sie. Und jetzt beten Sie, dass niemand je erfahren wird, dass Sie uns seit Wochen mit Lebensmitteln und Fluchttipps versorgen!»
Linda schien zu erstarren. Totenbleich glotzte sie uns einen

Moment lang an, bewegte sich mit steifen Schritten zum Ausgang und verschwand. Mein Vater hatte der «Viper» den Giftzahn gezogen! Wir sollten das Fräulein aus Talamona nie mehr wiedersehen.

Jeden Tag suchte ich – abwechselnd mit Vico, Luigi oder Angiolina – die Bäckereien Morbegnos und der umliegenden Fraktionen auf, um etwas Brot oder Mehl zu erschwinglichen Preisen zu ergattern. Es war uns nicht möglich, die Preise des Schwarzmarktes zu bezahlen: Vater besass kaum noch Geld und auch Giovanni konnte seine Familie nur mit Mühe und Not ernähren; dies umso mehr, als dass nun auch Giuanìn, der Deserteur, seine tägliche Ration benötigte. Oft tauschten wir die Milch der Kuh «Picirillo», Butter, Käse sowie die wenigen Eier gegen Mehl und Brot ein.

Papa begann nun ebenfalls, die Kammer zu verlassen und sich im Dorf zu zeigen. Er lernte einige Bauern kennen, welche sich noch in San Bello aufhielten. Die Schwester eines dieser Bauern, Virginia, wohnte in Morbegno, gleich jenseits der Brücke; diese Gegend hiess «Bottà». Mit ihr traf mein Vater folgende Abmachung: An dem Tag, da Rom durch die Alliierten befreit würde, sollte Virginia in ihrem Garten ein weisses Leintuch auslegen. Zwei Leintücher sollten uns signalisieren, dass die Partisanen von den Bergen ins Tal hinuntergestiegen seien, um die dort stationierten Deutschen und Faschisten zu vertreiben. Von nun an schaute ich jeden Tag von unserer Terrasse aus hinunter auf das Haus Virginias. Anfang Juni war es so weit: Im Garten Virginias war ganz deutlich ein weisses Leintuch zu sehen! Ich hetzte die Holztreppe hinauf, stürmte in die «Käsekammer» und schrie: «Rom ist befreit worden! Der Krieg wird nicht mehr lange dauern!» Die Alliierten hatten die Hauptstadt Italiens zwar befreit; doch bis zum Kriegsende sollte es noch bedeutend länger dauern, als ich es mir vorstellte.

Ganz in der Nähe unseres Hauses, am Waldrand, wohnte in einem kleinen Häuschen eine alte Frau namens Nunziata, welche von den Dorfbewohnern «la strega», die Hexe, genannt wurde. Da sie sich anderen gegenüber anscheinend etwas seltsam benahm, wurde sie gemieden und war mehr oder weniger ständig alleine. Mein Vater – der «arme Flüchtling aus Kalabrien» – war der alten Frau hin und wieder bei kleinen Arbeiten zur Hand gegangen und hatte auf diese Weise allmählich ihr Vertrauen gewonnen. Als Gegenleistung erlaubte Signora Nunziata ihm, «Radio BBC London» – welches auch in italienischer Sprache sendete – zu hören. Kaum hatte «la strega» jeweils die Küche verlassen, suchte Vater den Sender «Radio Moskau»; dort wurden Nachrichten auf Deutsch ausgestrahlt. Papa hielt so die Familie Della Nave auf dem Laufenden; diese wiederum sorgte dafür, dass die Bewohner San Bellos die neusten Nachrichten erfuhren.
Für uns allerdings wurde die Lage – trotz der Befreiung Roms am 4. Juni 1944 – immer ungemütlicher: In den Bergen lauerten die Partisanen, das Tal wurde von Faschisten und Deutschen kontrolliert. Wir befanden uns genau zwischen den Fronten. Während Luigi und Vico die Schule in Campovico besuchten, versuchten Angiolina und ich weiterhin, Lebensmittel ausserhalb des Schwarzmarktes zu organisieren. Dieses Unterfangen wurde von Tag zu Tag schwieriger und letztendlich praktisch hoffnungslos. Meine Eltern und ich beklagten uns nie, da wir wussten, dass unsere Gastgeber von den kargen Löhnen Giovannis und Angiolinas leben mussten. Trotz der grossen Not wiederholte sich jeden Tag das gleiche Ritual: Mariangela Della Nave klopfte leise an und trat in unsere Kammer: «Entschuldigen Sie die Störung; ich möchte Sie bitten, dies hier zu versuchen.» Mit diesen Worten überreichte die gute Frau uns ein Stück Käse, Butter oder Polenta; ein andermal eine Tasse voll Milch oder Teile eines Kaninchenbratens. An

Sonntagen wurden wir hin und wieder mit herrlich schmeckendem Eintopf verwöhnt. Die Selbstlosigkeit dieser Familie berührte uns; wussten wir doch, dass sie selbst kaum genug zu essen hatte. Um sich der geringen Quantität ihrer Gaben wegen nicht schämen zu müssen, deklarierte Mariangela diese kurzerhand als «Kostproben»!
Um uns von unserer trostlosen Situation etwas ablenken zu können, stellte Mutti regelmässig frische Blumen in eine Vase. Dazu schmückte ein farbig gemustertes Tischtuch die grob gezimmerte Tischplatte. Mariangela hatte ihr zudem das Spinnen beigebracht. In kurzer Zeit gelang es Mama, gleichmässig und in zügigem Tempo Wolle zu spinnen. Zu Beginn half Mutter ausschliesslich Mariangela; nach und nach unterstützte sie jedoch auch andere Frauen bei dieser Arbeit. Die Lebensmittel, welche Mutti als Gegenleistung oft nach Hause brachte, waren hoch willkommen und wurden mit unserer Gastfamilie geteilt. Immer öfters besuchten uns Frauen aus San Bello, um bei Mutter Rat einzuholen. Meist ging es dabei um Fragen rund um die Gesundheit, Erziehung und Bildung ihrer Kinder. So verdiente sich Mama – welche «Rosalia la Svizzera» genannt wurde – das Vertrauen und den Respekt der Einheimischen. Als «Svizzeri-Calabresi» waren wir in San Bello akzeptiert.
Giuanìn, der Deserteur, suchte oft die Gesellschaft meines Vaters. Selbstverständlich durfte niemand wissen, dass er sich in San Bello versteckt hielt. Virginia, welche uns mittels Leintuch im Garten die Befreiung Roms signalisiert hatte, besorgte uns immer wieder Zeitungsausschnitte; diesen konnten wir entnehmen, wie sich der Kriegsverlauf entwickelte. Ich malte auf ein grosses Blatt Papier die Umrisse Europas und notierte täglich das Vorrücken der Alliierten auf den diversen Frontabschnitten. Es war klar zu erkennen, dass die Situation für die Deutschen immer hoffnungsloser wurde.

Je länger der Krieg andauerte, desto angespannter wurde die Lage auch für die Zivilbevölkerung im Veltlin. Die Leute mussten ihre Gürtel immer enger schnallen. Es gab jedoch auch Ausnahmen; vor allem unten im Tale lebten wohlhabende Bauern, denen es an nichts fehlte. Obwohl sie einen grossen Teil ihrer Erträge der Regierung abgeben mussten, blieb ihnen noch mehr als genug übrig. Einige konnten mit ihren Produkten gar den Schwarzmarkt beliefern und auf diese Weise viel Geld verdienen. Die Bauernfamilie Della Nave hingegen litt grosse Not. Ihre einzige Kuh befand sich auf der Alp; somit musste die Familie auch noch auf das bisschen Milch und Butter verzichten, welches «Picirillo» ihnen täglich geliefert hatte. Da wir selber praktisch mittellos waren, konnten wir unsere Gastgeber kaum unterstützen.

Eines Morgens begab ich mich mit Luigi und Vico nach Santa Croce – einem kleinen Dorf oberhalb San Bellos – um Brot und etwas Maismehl einzukaufen. In der kleinen Bäckerei duftete es herrlich nach frisch gebackenem Brot. Der Laden war voller Leute; ein paar Mädchen kicherten und plapperten ununterbrochen über Kleider und Esswaren. Wir warteten ganz zuhinterst, in der Nähe des Eingangs. Mit Bangen beobachteten wir, wie sich der grosse Korb mit den frisch gebackenen Broten allmählich leerte. Ich begann, die Brötchen und die Leute, welche im Laden warteten, zu zählen. Endlich standen wir vor dem Ladentisch. Die Frau des Bäckers wandte sich uns zu: «Es tut mir leid, Kinder, heute bleibt nichts mehr für euch übrig. Das vorhandene Brot hat knapp gereicht, um die Leute unseres Dorfes einigermassen zu versorgen. Versucht es morgen wieder.» Mit diesen Worten warf sie ihrer Katze gedankenlos ein Stückchen Brotrinde zu. Hungrig und enttäuscht verliessen wir den Laden, um nach Hause zurückzukehren. Mein Magen knurrte unaufhörlich, denn ich hatte an diesem Tage überhaupt noch nichts gegessen. Die Sonne brannte unbarmherzig vom wolkenlosen Himmel und liess die Zwetschgen, welche an einem grossen Baum gleich neben der Strasse hingen, vollends reifen und verführerisch duften. Luigi und Vico konnten nicht widerstehen und kletterten behände auf den Baum, um einige der prallen, dunkelblauen Früchte zu pflücken. Kauend und schmatzend machten wir uns auf den Weg zurück nach San Bello. Sorgfältig trug Luigi unseren zwar gestohlenen – dadurch jedoch nicht minder kostbaren – Schatz in meiner zu einem Beutel verknoteten Schürze nach Hause.

Die Schlinge zieht sich zu

Oberhalb San Bellos setzten wir uns in den Schatten eines Baumes, um ein wenig zu rasten. Luigi klaubte zwei Zwetschgen aus der Schürze; erneut bissen wir in das köstliche Fruchtfleisch. Der süsse Saft bahnte sich einen Weg über Mundwinkel und Kinn und klebte schlussendlich an Mund, Händen und Kleidern. Insekten, welche anscheinend an unserem Festmahl teilnehmen wollten, summten um unsere Köpfe. Einige Frauen machten sich unterhalb unseres Rastplatzes an den Rebstöcken zu schaffen. Die fleissigen Bäuerinnen plauderten gutgelaunt und stimmten immer wieder ein Lied an. Plötzlich wurde die ländliche Idylle durch das Heulen einer Sirene abrupt zerstört: Fliegeralarm! Schon waren die Kampfflugzeuge über uns und attackierten im Tiefflug die mit Gütern, Waffen und Fahrzeugen aller Art beladene Zugskomposition, welche im Bahnhof von Morbegno auf ihre Weiterfahrt wartete. Immer wieder griffen die «Spitfires»[39] an; unaufhörlich spuckten die Bordkanonen und Maschinengewehre Feuergarben Richtung Bahnhof. Wir konnten das Blitzen der Mündungsfeuer sowie die in die Tiefe torkelnden Bomben deutlich erkennen. Nach jedem Angriff zogen die Piloten ihre Jagdflugzeuge hoch, drehten eine Schleife und griffen erneut an. Das schmetternde Krachen der einschlagenden Bomben liess uns immer wieder zusammenzucken. Bei jedem Angriff schienen uns die Flugzeuge zum Greifen nahe; ganz deutlich waren in den verglasten Pilotenkanzeln die Flugzeugführer zu erkennen. Wir duckten uns hinter die niedere Steinmauer, welche die Strasse auf der Talseite begrenzte, in der Hoffnung, dass uns die Piloten nicht sehen konnten.

39 Die Supermarine Spitfire war ein einsitziger Abfangjäger, der vor allem während des Zweiten Weltkrieges von der Royal Air Force und vielen Alliierten eingesetzt wurde.
Quelle: Internet

Zwar hörten wir die Alarmsirene nicht zum ersten Male heulen; es war jedoch noch nie vorgekommen, dass alliierte Piloten Attacken in unserer Gegend flogen. Der Angriff dauerte an. Mit ungeheurer Präzision nützten die Kampfflieger die topografischen Gegebenheiten; immer wieder tauchten sie – aus den engen Seitentälern herausschiessend – auf, um kurz darauf wieder in einem der zahlreichen Bergeinschnitte zu verschwinden. Die deutsche Fliegerabwehr, welche an strategisch wichtigen Punkten platziert war, wurde immer wieder überrascht und fand keine Mittel, die Angriffe zu unterbinden. Später erfuhren wir, dass erfahrene, ortskundige italienische Piloten als aeronautische Führer an den Angriffen beteiligt waren.
Nach schier endlosen Minuten verschwanden die Flugzeuge und es wurde endlich Entwarnung gegeben. Wir rannten in Windeseile nach Hause. In der Wohnküche trafen wir Giuanìn mit seiner Verlobten Zita Cipriani sowie Cousin Gino an. Die beiden Männer waren in graue Hosen sowie graugrüne Pullover gekleidet und trugen den typischen – mit einer Feder geschmückten – Hut der «alpini» auf dem Kopf. Als Angiolina unsere verwunderten Blicke sah, erklärte sie uns, dass sich die beiden Männer den Partisanen in den Bergen anschliessen würden um gegen die Deutschen und Faschisten zu kämpfen. Zita weinte bitterlich, als wir uns – verunsichert und besorgt – von den beiden Partisanen verabschiedeten.

In den nächsten Tagen stellte sich heraus, wie berechtigt unsere Besorgnis war. Deutsche SS-Einheiten[40] hatten – mit Unterstützung ortskundiger Faschisten – begonnen,

[40] SS, Abkürzung für Schutzstaffel. Diese paramilitärische Einheit wurde - unter anderem - auch im Kampfe gegen italienische Partisanen eingesetzt. Als Hauptträger des nationalsozialistischen Terrors wurde die SS in den Nürnberger Prozessen 1946 zur verbrecherischen Organisation erklärt.
Quelle: Internet

die Gegend systematisch nach Partisanen zu durchkämmen. Dabei kam es immer wieder zu Schusswechseln zwischen den Partisanen, welche sich in den Bergen aufhielten und den Okkupanten unten im Tale. In der Nacht beobachteten wir die Lichterkette der Leuchtspurmunition, welche über uns am Nachthimmel zu hängen schien. Je mehr die kriegerischen Auseinandersetzungen rund um San Bello eskalierten, desto grösser wurde unsere Angst. Wir malten uns immer wieder aus, was geschehen würde, wenn wir den Deutschen oder Faschisten bei einem dieser «rastrellamenti»[41] in die Hände fallen sollten!
Von der Terrasse der Wohnküche und dem Dorfplatz vor der Kirche aus beobachteten wir fast pausenlos jede Strasse und jeden Weg, welcher von Morbegno aus zur alten Steinbrücke – dem Ponte di Ganda – und somit auf unsere Talseite führte. Jede verdächtige Person und jedes Motorfahrzeug meldeten wir umgehend unserem Vater sowie Giovanni Della Nave, damit wir uns notfalls sofort verstecken konnten.
Aufgrund der ständigen Luftangriffe wurde es noch schwieriger, sich mit dem Nötigsten zu versorgen. Die Familie Della Nave lebte weiterhin in grösster Armut, wir selber besassen keine einzige Lira mehr. So brachte Vater häufig Löwenzahn-, Brennessel- sowie Tomatenblätter mit nach Hause; hin und wieder sogar einige Bohnen, welche er in verschiedenen Gemüsegärten «organisiert» hatte. Aus diesen Zutaten versuchte meine Mutter, eine wenigstens halbwegs geniessbare «minestra» zuzubereiten. Eines Tages kam Vater mit einem Kesselchen, welches mit einer gelblichweissen Flüssigkeit gefüllt war, nach Hause. Er teilte uns mit, dies sei die Flüssigkeit, welche nach der Käseproduktion zurückbleibe. Lächelnd meinte er: «Diese Flüs-

[41] rastrellare = durchkämmen, absuchen

Blick von San Bello auf den Ponte di Ganda. Unten rechts die alte «Hauptstrasse», welche nach San Bello führt. Im Hintergrund die Häuser des Quartiers «Bottà» (Morbegno).

sigkeit, Molke genannt, wird den Schweinen verfüttert. Wenn die Molke diese nährt und mästet, wird sie auch uns nicht umbringen!»

Ich klopfte mit Luigi und Vico weiterhin die Geschäfte der Umgebung ab, um etwas Essbares aufzutreiben. Eines Morgens begaben wir uns aus diesem Grunde nach Morbegno. Meine Mutter hatte uns bis zur Fraktion Ponte di Ganda begleitet. Dort wollte sie, im Hause der Schwester Mariangelas, auf uns warten; sie getraute sich nicht ins Städtchen Morbegno hinein. Es war drückend heiss an diesem Tage und die Bäckerei, vor der wir stehen blieben, voller Leute. Daher entschieden wir uns, draussen zu warten. Die Frau des Bäckers war freundlich und gutmütig; immer wieder hatte sie etwas Brot für uns übrig gehabt. Während wir ermattet vor dem Laden ausharrten, erhob sich plötzlich heftiger Wind. Über dem Comersee hatte sich der Himmel gelblich-grau verfärbt und wir sahen, wie sich eine grosse, schwarze Wolke vor die Sonne schob. Der heftige Wind wurde zum Sturm, welcher heulend durch die Gassen Morbegnos fegte.

Hurtig betraten wir die Bäckerei und schlossen die Ladentür hinter uns zu. Innert weniger Augenblicke wurde es Nacht. Blitze zuckten vom bleigrauen Himmel und der Donner vermischte sich mit dem höllischen Lärm, den die haselnussgrossen Hagelkörner, welche wie Geschosse auf Strassen und Dächer niederprasselten, verursachten. Das Heulen des Sturmwindes und das Bersten der Ziegel, welche reihenweise von den Dächern gerissen wurden, vervollständigten die unheimliche Kakophonie. Luigi, Vico und ich starrten mit vor Schreck geweiteten Augen auf das unheimliche Naturschauspiel. Die im Laden anwesenden Frauen beruhigten ihre weinenden Kinder oder beteten leise. Inzwischen standen wir bis zu den Knöcheln im Wasser, das der Sturmwind von der Strasse her in den Laden gedrückt hatte. Nach wenigen Minuten, welche uns allerdings wie Stunden vorkamen, riss das Grauschwarz des Himmels auf und es wurde schlagartig wieder hell. Ebenso plötzlich schlossen sich die Himmelsschleusen und das Stakkato des Hagels wurde durch das immer schwächer werdende Plätschern des Regens abgelöst. Bald überstrahlten die ersten Sonnenstrahlen die sich immer weiter entfernenden Blitze, während der Donner im oberen Veltlin langsam verhallte.

Der Bäcker öffnete vorsichtig die Ladentüre. Mit Erstaunen und Erschrecken sahen wir, wie sich die Wassermassen einen Weg durch die Strassen und Gassen bahnten und dabei Sand und Steine mit sich rissen. Unterdessen war die Frau des Bäckers zu uns getreten und übergab uns eine mit

Brötchen gefüllte Papiertüte, ein Säckchen mit Maismehl und eines mit Reis. Die Grosszügigkeit der braven Bäckersfrau half uns, den ausgestandenen Schrecken zu verdauen. Nach einer Viertelstunde betrat Luigis und Vicos Cousin den Laden und reichte uns einen grossen, schwarzen Schirm. So machten wir uns zu viert auf den Weg in Richtung Ponte di Ganda. Auf halbem Wege hörten wir das Brausen der Hochwasser führenden Adda. Grosse Bäume sowie unzählige Rebstöcke wurden vom Fluss Richtung Comersee gespült. Wir hatten grosse Angst, die Brücke, welche das tosende Gewässer überquerte, zu betreten. Nach einigen bangen Augenblicken standen wir dann doch glücklich vor der Häusergruppe der Fraktion «Ponte di Ganda». Das Erdgeschoss des Hauses, in welchem Mariangelas Schwester wohnte, war überschwemmt. Wir begaben uns in den ersten Stock und trafen dort auf meine Mutter, welche höchst besorgt auf uns gewartet hatte.
Mittlerweile hatte es aufgehört zu regnen, sodass wir uns auf den Heimweg machen konnten. Die Strasse hatte sich in ein schlammiges Bachbett verwandelt. Umgestürzte Bäume, grosse Steine und Pfützen erschwerten den Aufstieg nach San Bello. Mit grosser Beklemmung mussten wir feststellen, dass der Sturm praktisch sämtliche Rebstöcke komplett zerstört hatte.
Ausgepumpt und völlig verdreckt kamen wir endlich im kleinen Dorf an. Alle waren erleichtert und froh, uns unversehrt wiederzusehen. Gleichzeitig herrschte grosse Niedergeschlagenheit: Das Unwetter hatte immense Schäden angerichtet. Sturm, Hagel und Wasserfluten hatten wichtige Lebensgrundlagen der Bauern zerstört, niedergerissen oder fortgespült. Sogar «mein» Aprikosenbäumchen, welches ich durch das Zimmerfenster immer wieder bestaunte, lag zerstört am Boden. Gegen Abend begann es wieder zu regnen. Das Trommeln der Regentropfen, das Heulen des wieder aufkommenden Sturmes sowie das Tosen der

Adda bescherten uns eine bange Nacht. Als mich frühmorgens die ersten Sonnenstrahlen weckten, begrüsste ich den neuen Tag zwar entkräftet, jedoch mit neu erwachtem Mut.

Allmählich verabschiedete sich der Sommer. Mit ihm wich auch die bleierne Hitze, welche das Tal über Wochen gefangen gehalten hatte. Die intensiven Farben der Natur erstrahlten nun ungefiltert, da sich der – im Sommer hartnäckig über dem unteren Veltlin haltende – Dunst ebenfalls verzogen hatte. Zusehends veränderten die Wälder und Berge ihre Farben: Das Grün verwandelte sich in ein Gelbbraun; so, als wollte sich die Natur der Farbe der Tarnuniformen der Faschisten und Deutschen anpassen. Diese tauchten immer häufiger in unserer Umgebung auf, um Jagd auf Partisanen zu machen.
Eines Nachts wurden wir durch zwei kurz hintereinander folgende, heftige Explosionen aus dem Schlaf gerissen. Schlaftrunken begaben wir uns auf die Terrasse und sahen unter uns im Tale eine riesige Rauchwolke in die Höhe wachsen. Giovanni Della Nave trat zu uns und erklärte, dass die Partisanen mit grosser Wahrscheinlichkeit einen Anschlag auf das Elektrizitätswerk verübt hätten. Er runzelte die Stirn und murmelte, kaum hörbar: «Ich fürchte, dass dieser Anschlag Konsequenzen zeitigen wird.» Er sollte sich nicht getäuscht haben ...
Am nächsten Morgen beobachteten wir von der Terrasse aus, wie Truppen rund um den Ponte di Ganda in Stellung gingen. «Signor Filippo, schnell, verstecken sie sich!» Mit diesen – aufgeregt hervorgestossenen – Worten übergab Mariangela Della Nave Papa die Schlüssel der kleinen «cantina»[42]. Einige wenige Stufen führten in das Kellerlokal

[42] Weinkeller

hinunter, welches sich inmitten der Rebstöcke im Garten hinter dem Hause befand. Kaum hatte Vater sein Versteck zwischen den grossen Weinfässern bezogen, patrouillierte bereits eine Gruppe schwer bewaffneter «Schwarzhemden»[43] durch das Dorf. Die zum Teil blutjungen – mit ihren schwarzen Hemden oder Pullovern betont nachlässig gekleideten – Männer gebärdeten sich wie Helden und befragten die Bewohner San Bellos herablassend, unfreundlich und misstrauisch, ob sich fremde Personen im Dorf aufhalten würden. Angiolina und ich betraten eben, mit je zwei Kupferkesseln ausgerüstet, die «Obere Gasse», um am Dorfbrunnen Wasser zu holen. Zio Giovanni arbeitete im Stall, seine Frau Mariangela besorgte den Haushalt, die beiden Knaben waren auf der Holzveranda mit ihren Hausaufgaben beschäftigt.

Plötzlich schlenderte einer dieser «Helden» aufreizend lässig auf uns zu. Mit einer Mischung aus Angst und Neugierde betrachteten wir den schmächtigen Mann. Das halb aufgeknöpfte, schwarze Hemd gab den Blick auf das typische – vor allem von den einheimischen Bauern getragene – wollene Unterhemd frei. Die grauen Hosen steckten unterhalb der Knie in langen, schwarzen Strümpfen. Auf dem Kopf trug der Milizionär eine Art schwarze Sturmhaube, welche sein offenes Gesicht noch jugendlicher erscheinen liess. Auf seine seltsame Kopfbedeckung war ein weisser Totenkopf mit gekreuzten Knochen, offensichtlich dem Emblem der SS nachempfunden, aufgenäht. Insgesamt machte der kleingewachsene Mann auf uns eher einen etwas hilflosen denn martialischen Eindruck. Dass wir uns diesbezüglich jedoch arg getäuscht hatten, erfuhren wir umgehend. Der Faschist musterte Angiolina gründlich und begann mit lei-

43 Schwarzhemden (ital. camicie nere oder squadristi) ist die Bezeichnung für die Mitglieder der „fasci di combattimento", der faschistischen Kampfbünde.
Quelle: Internet

ser, drohender Stimme zu fragen: «Habt ihr fremde Leute in eurem Dorfe gesehen?» Angiolina schaute den Mann erstaunt an und erwiderte mit gespielter Verständnislosigkeit: «Nein, wie kommen Sie auf diese Idee? Wer verirrt sich denn in ein solch abgelegenes, kleines Dorf?» Der Bewaffnete sah Angiolina und mich abwechslungsweise mit lauerndem Blick an und entgegnete: «Wer sich in dieses abgelegene Dorf verirren könnte? Zum Beispiel Partisanen und Juden!» Ich starrte, wie hypnotisiert ob seiner Worte, auf den weissen – recht stümperhaft gestalteten – Totenkopf auf seiner Kopfbedeckung. Indem der Faschist mit ausgestrecktem Zeigefinger zum Nachbarhaus zeigte, meinte er mit ironischer Sanftmut an Angiolina gewandt: «Hübsche Signorina, siehst du den Baum dort hinter dem Haus? Dort wirst du – mitsamt deinen Angehörigen – baumeln, falls wir in eurem Hause Partisanen oder Juden aufstöbern sollten!» Um seinen Worten Nachdruck zu verleihen, ahmte er mit ausgestrecktem Arm einschlägige Pendelbewegungen nach. Dann zückte er sein Feuerzeug, hielt es uns vor die Nase und fuhr fort: «Und damit, meine Damen, werden wir zu guter Letzt euer Haus abfackeln!»
Ich sass nach diesen zynischen Worten wie erstarrt auf der untersten Stufe der Treppe, welche in die Wohnküche führte. Angiolina unterdrückte die aufkeimende Panik, zeigte auf den Hauseingang und antwortete beherrscht: «Partisanen? Juden? Treten Sie ruhig ein und untersuchen Sie das ganze Haus. Wir sind arme Bauern und haben nichts zu verbergen.» In diesem Moment wurde unser Gegenüber von einem ungeduldig gestikulierenden Kameraden aufgefordert, sich Richtung Kirchplatz zu begeben. Nach kurzem Zögern eilte der schmächtige Mann, der uns in Angst und Panik versetzt hatte, davon, um sich seinen Kameraden anzuschliessen. Mit klopfenden Herzen warteten Angiolina und ich darauf, dass die Schwarzhemden zurückkommen und das Haus durchsuchen würden. Zu unserer gros-

sen Überraschung und Erleichterung behelligten uns die Milizionäre jedoch nicht mehr. Wie ein böser Spuk hatten sie sich aus San Bello zurückgezogen, um die höher gelegenen Dörfer zu durchkämmen. Stunden später sahen wir, von der Terrasse aus, die Schwarzhemden in Begleitung deutscher Soldaten zurückkehren. Ihrem Gesichtsausdruck war deutlich zu entnehmen, dass die Razzien erfolglos verlaufen waren. Nachdenklich bemerkte Mariangela Della Nave: «Wie tief muss ein Mensch sinken, um die eigenen Landsleute den Deutschen ans Messer zu liefern? Ich bin mir sicher, unter den Schwarzhemden Burschen aus Morbegno erkannt zu haben! Diese ‹camicie nere› haben nicht nur schwarze Hemden, sondern auch schwarze Seelen.» Signor Giovanni ergänzte: «Die Mehrheit dieser schwarzen Brut operiert neuerdings ja unter dem Namen ‹brigate nere›[44]. Ich meine, dass die Bezeichnung ‹briganti neri›[45] eindeutig zutreffender wäre! Diese Banditen haben mit Politik wohl wenig am Hut. Sie schliessen sich dort an, wo es am meisten zu holen gibt und terrorisieren, in Allianz mit den Deutschen, die Zivilbevölkerung. Doch der Tag wird kommen, an dem sie ihre Schandtaten bereuen werden!»

Erst nachdem die Deutschen und Faschisten die alte Steinbrücke überquert hatten und dem Zentrum Morbegnos zustrebten, getraute ich mich, meinen Vater in seinem Versteck aufzusuchen und Entwarnung zu geben. Als ich die niedrige, aus rohen Brettern zusammengezimmerte Pforte der «cantina» aufstiess, blieb ich wie vom Donner gerührt stehen: Auf einem Mauervorsprung, direkt über dem Kopfe

44 Die „Schwarzen Brigaden" (italienisch: brigate nere) waren eine faschistische paramilitärische Vereinigung. Sie entstand nach der Unterzeichnung des italienischen Waffenstillstandsabkommens 1943.
Quelle: Internet

45 «Schwarze Räuber»

meines Vaters, entdeckte ich eine Schlange! Kaum hatte sich mein Vater erhoben, erblickte ich neben einem Fass ein zweites, bedeutend längeres Exemplar. Das war eindeutig zu viel für mich! So schnell mich meine Beine trugen, rannte ich davon. Angiolina, welche auf meine erschreckten Rufe hin herbeigeeilt war, versuchte mich zu beruhigen. «Ein Wunder, dass Papa in seinem Versteck nicht von einer dieser Schlangen gebissen worden ist», stotterte ich mit zittriger Stimme. Angiolina antwortete ungerührt und auf den Stockzähnen lachend: «Das ist nur halb so schlimm, Reginetta. So wie du die Tiere beschreibst, wird es sich um harmlose Ringelnattern gehandelt haben. Giftschlangen verirren sich nur sehr selten in bewohnte oder benutzte Gebäude! Viel lieber hätte ich eine giftige Viper im Haus, als den schmächtigen Mann mit der ‹Totenkopfmütze›, der uns eben mit seinem Besuch beehrt hat ...»
Da konnte ich Angiolina allerdings nur zustimmen!

Die Luftangriffe der Alliierten wurden intensiver. Immer häufiger waren Kampfflugzeuge zu beobachten, welche unser Gebiet überflogen und strategisch wichtige Objekte angriffen. Die Faschisten und Deutschen errichteten überall Luftabwehrstellungen. Dazu beunruhigten uns praktisch täglich Patrouillen welche sich vor allem aus Schwarzhemden und SS-Einheiten zusammensetzten, die Jagd auf Partisanen machten. Wir hatten das Gefühl, dass sich die Schlinge immer enger um San Bello – und damit auch um uns – zuzog.

An einem dieser turbulenten Tage starb ein alter Onkel Mariangelas, welcher in der Fraktion Ponte di Ganda wohnte. Wie alle anderen Verwandten und Bekannten begaben auch wir uns ins Tal, um uns vom Verstorbenen zu verabschieden und den Verwandten zu kondolieren. Ich erinnerte mich daran, wie der alte Mann auf der Veranda seines Hauses – welches sich unmittelbar neben der Brücke befand – sass, zufrieden lächelnd an seiner Pfeife zog und hin und wieder ein Gläschen Roten trank. Nun lag er, in seine Sonntagskleider gewandet, im schlichten Holzsarg und schien zu schlafen. Nur die wächserne Farbe des Gesichts und der Hände deutete an, dass dem nicht so war. Das erste Mal in meinem Leben stand ich vor einer verstorbenen Person. Der intensive Geruch der Wachskerzen und der vielen Blumen erschwerte mir das Atmen. Vielleicht wollte ich den toten «Onkel» trösten, vielleicht war es die pure Neugierde, welche mich meine Hand auf die seine legen liess. Einen Augenblick lang war ich wie gelähmt vor Schreck. Die Kälte, welche von dieser Hand ausging, schien nicht von einer Person, sondern einer Marmorstatue zu stammen. Noch viele Jahre lang träumte ich immer wieder von diesem toten «Onkel»; und jedes Mal, wenn von Verstorbenen die Rede war, sah ich vor meinem geistigen Auge den friedlich in seinem Sarge ruhenden Greis aus Ponte di Ganda.

Vater half so gut es ging, die vom Sturm schwer in Mitleidenschaft gezogenen Rebstöcke und Gärten instand zu stellen und zu retten, was zu retten war. Mutter war meist mit Spinnen beschäftigt, während ich weiterhin täglich in mein Tagebuch schrieb und zeichnete. Zudem hatte ich begonnen, kleine Madonnenbildchen zu malen, welche ich den Bauersleuten verschenkte. Diese Bildchen sollten Ehemännern, Verlobten und Söhnen, welche in die kriegerischen Auseinandersetzungen verwickelt waren, Glück bringen. Immer wieder baten mich Kinder, Portraits oder Entwürfe für Puppenkleider anzufertigen. Auch half ich Vico und Luigi weiterhin bei den Hausaufgaben. Viel Spass bereitete mir zudem die Aufgabe, die kleinen Kinder zu betreuen, deren Eltern und ältere Geschwister auf den Feldern und in den Weinbergen arbeiteten. Diese Tätigkeiten trugen dazu bei, dass ich schliesslich beinahe besser Italienisch denn Deutsch sprach. Immer wieder wurde ich für meinen Einsatz belohnt: Mal mit einem Stück Salami oder feinem Käse, mal mit etwas Maismehl oder einem Kesselchen Milch. So gelang es mir, zu unserem Lebensunterhalt beizutragen.

Giuanìn besuchte uns in Begleitung seines Cousins Gino hie und da in San Bello. Die beiden Partisanen glichen sich äusserlich in keiner Art und Weise; trotzdem wurden sie von allen «gemelli» – Zwillinge – gerufen, weil sie einfach unzertrennlich waren. Eines Abends betraten die «gemelli», in Begleitung ihrer Verlobten sowie einiger Freunde, die Wohnstube der Familie Della Nave. Die jungen Leute tanzten ausgelassen zu anregender Musik, welche ein altes Grammophon produzierte. Es war ein seltsames Bild: Giuanìn tanzte, wie die anderen Männer auch, mit der Verlobten im Arm und diversen Handgranaten am Gürtel. Nachdem der stattliche Giuanìn genug getanzt hatte, stimmte er seine Gitarre; und schon erfüllten vielstimmig gesungene, traditionelle Lieder die Wohnküche. Alle sangen, tranken Wein und konnten so wenigstens für eine kurze Weile die gefährliche Situation vergessen, in welcher wir uns befanden. Die ganze Zeit über stand jemand auf der Terrasse Wache und beobachtete dabei insbesondere die alte Brücke, den Ponte di Ganda.

Es war recht spät geworden, als Angiolina und ich einen Wache stehenden Partisanen auf der Terrasse ablösten. Mit Sperberaugen starrten wir auf den Ponte di Ganda. Die Konturen begannen im Dämmerlicht zu verschwimmen, als wir plötzlich eine Gruppe Milizionäre und Soldaten ausmachten, welche sich der Brücke näherte. Angiolina zögerte keinen Moment und rief: «I è scià i muscon!»[46] Augenblicklich verstummten Musik und Gesang, die aus-

[46] Arrivano i mosconi! Die Schmeissfliegen kommen!
Ein weiterer – wenig schmeichelhafter – Ausdruck, mit dem die Einheimischen die Schwarzhemden betitelten.

gelassene Stimmung verflog. Im Nu hatten die Männer ihre Siebensachen zusammengerafft und verschwanden in der einbrechenden Dunkelheit, um sich ihren Einheiten anzuschliessen. Die Frauen hasteten heimwärts. In fieberhafter Eile wurde die Wohnküche aufgeräumt. Dass der geringste Hinweis auf die Anwesenheit von Partisanen den «fascisti» und «tedeschi» genügte, Häuser abzufackeln und Zivilisten umzubringen, bewies ein Vorfall, welcher sich vor wenigen Tagen ganz in der Nähe ereignet hatte:
Ein Partisan, der bei einer Schiesserei verwundet worden war, suchte Zuflucht im Stall seiner Eltern. Irgendjemand hatte Wind von der ganzen Sache bekommen und den jungen Mann denunziert. Bald schon hämmerten SS-Leute an die Haustür der Familie und fragten nach dem Verletzten. Der Vater gab sich überrascht und stritt ab, Näheres über den Aufenthaltsort seines Sohnes zu wissen. Kurz entschlossen führten ihn die Deutschen zum Stall und fragten den verzweifelten Mann, ob sich sein Sohn hier versteckt hätte. Als der Bauer verneinte, warf einer der Soldaten eine Handgranate durch das Fenster in den Heuboden. Im Nu brannte es lichterloh. Der verletzte Partisan konnte sich ins Freie retten, wo er von den Deutschen sofort festgenommen und zusammen mit seinem Vater abgeführt wurde. Die beiden wurden nie wieder gesehen.
An diesem Abend jedoch blieb San Bello vom Besuch der «fascisti» und «tedeschi» verschont. Die Einheit, welche Jagd auf die Partisanen machte, liess das Dörfchen vielmehr links liegen und verlegte ihre Tätigkeit in höher gelegene Regionen.

Zwischen Hoffen und Bangen verbrachten wir unsere Tage und Wochen. Die wenigen Trauben, welche den Sturm überstanden hatten, waren noch nicht ganz reif. Deshalb war es absolut verboten, diese Früchte zu ernten; der Ertrag sollte wenigstens dazu reichen, etwas Wein zu keltern.

Feigen indessen reiften in Hülle und Fülle. Klar, dass nun diese Feigen die Grundlage unserer täglichen Nahrung bildeten. Und so sah der Speiseplan auch aus: morgens frische Feigen, mittags gekochte Feigen mit – falls vorhanden – etwas Reis, abends wiederum frische Feigen. Wenn Brot vorhanden war, bestrichen wir dieses mit – natürlich! – Feigenmarmelade! So süss und nahrhaft diese Früchte auch waren: Nach einer Woche wurde mir allein schon beim Anblick der Feigen übel. Natürlich liess ich mir meinen Widerwillen nicht anmerken. Ich wusste, dass wir für dieses – im Überfluss vorhandene – Nahrungsmittel dankbar sein mussten.

Virginia, welche uns die Befreiung Roms mit einem Leintuch signalisiert hatte, besuchte uns immer wieder. Die Nachrichten, welche sie nach San Bello brachte, waren selten positiver Natur. Die Bevölkerung in den grösseren Städten litt unter den schweren Bombardements der Alliierten. Vor allem Mailand wurde diesbezüglich schwer in Mitleidenschaft gezogen. Nachts waren die dumpfen Explosionen sowie der Feuerschein der Bombardements, welche der lombardischen Metropole galten, bis ins untere Veltlin zu hören und zu sehen. Unter der Führung italienischer Piloten flogen deren alliierte Kameraden zudem Angriffe auf strategisch wichtige Ziele wie Kasernen, Brücken, Eisenbahnlinien und Depots. Der beinahe absoluten Präzision der Angriffe fielen auch Flugabwehr- und Artilleriestellungen sowie Nachschubtransporte zum Opfer. Viele deutsche und faschistische Soldaten konzentrierten sich immer stärker darauf, ihre eigene Haut zu retten; sie verschanzten sich in sicheren Unterständen oder desertierten gar.

Eines Morgens begab ich mich mit Luigi und Vico nach Morbegno, um etwas Brot und Maismehl einzukaufen. Wir trabten die kurvenreiche Strasse Richtung Ponte di Ganda entlang, wobei wir die Strecke immer wieder abkürzten, indem wir vor den Haarnadelkurven die Strasse verliessen und stattdessen die Böschung hinunterliefen oder vielmehr rutschten. So erreichten wir die ersten Häuser der kleinen Fraktion. Nach wenigen Metern bogen wir rechts ab, um die alte Brücke zu betreten, welche nach Morbegno führte. Plötzlich stiess mich Luigi an und zeigte über die Mauerbrüstung der Brücke. Am Ufer der Adda sassen zwei deutsche Soldaten auf einem grossen Stein. Sie hätten unterschiedlicher nicht sein können: der eine eher klein, stämmig und mit dunkelbraunen Haaren, der andere gross, hager und mit beinahe weissblondem Schopf. Da die Sonne immer noch sehr warm vom herbstlichen Himmel strahlte, hatten sich die beiden jungenhaft aussehenden Männer ihrer Waffenröcke entledigt und warfen gelangweilt Steine in den wieder friedlich dahin fliessenden Fluss. Statt den Ponte di Ganda zu überqueren, nahm ich Luigi und Vico am Arm und folgte der Strasse, welche am Elektrizitätswerk vorbei Richtung Campovico führt. Nach wenigen Metern hatte ich mein Ziel erreicht und setzte mich mit meinen beiden Begleitern auf das Mäuerchen, welches die Strasse vom Ufer der Adda trennte.

Wir wurden von den beiden Soldaten, welche sich wenige Schritte von uns entfernt angeregt unterhielten, nicht beachtet. Während Vico und Luigi ihre Blicke verständnislos zwischen mir und den beiden Wehrmännern hin und her schweifen liessen, spitzte ich meine Ohren. «... lange nichts mehr gehört. Die Feldpost funktioniert anscheinend überhaupt nicht mehr.» «... könnte meinen, dass wir uns hier am Arsch der Welt befinden!» Der kleingewachsene Wehrmann mit den dunkelbraunen Haaren stand auf. Mit ausgestrecktem Arm zeigte er Richtung Elektrizitätswerk und stiess erregt hervor: «Was sollen wir dort noch, in dieser Fliegerabwehrstellung? Es ist eine Frage der Zeit, bis uns die Kampfflugzeuge oder die Partisanen erwischen!

Der «Ponte di Ganda» überspannt die Adda. Links ist das Elektrizitätswerk zu erkennen.

Am besten wäre es, sich den Alliierten zu ergeben. So bestünde die Chance, wenigstens mit dem Leben davonzukommen!» Der hagere Blonde erwiderte: «Sprich leiser! Pass auf, was – und vor allem mit wem – du redest! Aber Recht hast du: Wir können nur hoffen, nicht in die Hände der Partisanen zu fallen. Diese würden sich rächen und kurzen Prozess mit uns machen.» Indem er sich ebenfalls erhob, fügte er lakonisch bei: «Verloren sind wir so oder so; Deutschland ist – vom Feind umringt – am Ende. Unsere Heimat wird in Grund und Boden gebombt. Was übrig bleibt, teilen sich die Russen und Alliierten.» Die beiden Wehrmänner zogen sich ihre Waffenröcke über, ergriffen die Gewehre und kehrten in die Fliegerabwehrstellung in der Nähe des Elektrizitätswerkes zurück.

Die Tage wurden kürzer, die Luft merklich frischer. Viel früher als sonst üblich kehrten die Bauern mit ihrem Vieh von den Alpweiden ins Tal zurück. Sie erzählten, dass sich Gesindel, welches immer wieder Vieh und Lebensmittel stehlen würde, in den Bergregionen aufhalte. Auch die Kuh «Picirillo» sowie die wenigen Ziegen Zio Giovannis kehrten frühzeitig, jedoch wohlbehalten, in die Geborgenheit ihres Stalles zurück. Beinahe täglich begleitete ich nun Angiolina mit ihren Tieren nach Ponte di Ganda hinunter, wo Giovanni ein Stück Weideland besass. Der Gedanke, dass sich seit dem Anschlag auf das Elektrizitätswerk eben dort Tag und Nacht eine deutsche Einheit sowie eine grosse Anzahl Schwarzhemden aufhielten, war für uns nicht eben erbaulich. Noch bedrückender und bedrohlicher war die Tatsache, dass sie von ihrem Stützpunkt aus jede Bewegung auf der Strasse von Ponte di Ganda nach San Bello ausmachen konnten. Wir fühlten uns tatsächlich wie auf dem Präsentierteller.
Ich erwachte mit vor Hunger knurrendem Magen. Es war jedoch nicht der nagende Hunger, welcher mich geweckt hatte, sondern der stechende Schmerz in meinen Füssen. Die Kälte dieses Herbstmorgens hatte diese anschwellen lassen, sodass ich mich mit Bangen an den vergangenen Winter und die unerträglichen Schmerzen in meinen Füssen erinnerte. Ich öffnete die Hintertüre der «Käsekammer» und begab mich in den Gemüsegarten, um die frische Morgenluft einzuatmen. Ringsum herrschte eine fast unnatürlich Stille; die Berge waren in einen Nebelschleier gehüllt. Nachdenklich fragte ich mich zum wiederholten Male, ob ich nun Regina aus Leipzig sei oder Reginetta, die Nichte von Giovanni und Mariangela. Es wurde mir einmal mehr bewusst, dass ich als Regina Zimet aus Leipzig in der gegenwärtigen Lage das Leben aller Personen im Hause Della Nave gefährdet hätte. Es blieb mir somit keine Wahl: Reginetta aus Kalabrien würde ihre Rolle weiter spielen

müssen! Wann würde dieser Albtraum zu Ende gehen und wir wieder sein dürfen, was wir waren und auch sein wollen: Eine glückliche, deutsch-jüdische Familie? Andererseits: Hatte ich das Recht, mich zu beklagen? Hatte sich nicht die Familie Della Nave selbstlos in allergrösste Gefahr begeben um uns, den Fremden aus Deutschland, zu helfen? Beschämt ob meines Selbstmitleids, verdrängte ich die tristen Gedanken und wollte in unser Refugium zurückkehren. Plötzlich hörte ich ein Rascheln und spürte, beinahe gleichzeitig, eine schwielige Hand auf meinem Mund. Mit einem erstickten Aufschrei drehte ich den Kopf, um gleich darauf erleichtert aufzuatmen: Es war Gino, der «Zwilling» von Giuanìn! Er legte den Zeigefinger auf seine Lippen und flüsterte: «Giuanìn ist leicht verletzt und befindet sich in Civo. Wir müssen ihn so schnell wie möglich nach San Bello herunterbringen!» Während Gino sich in die Wohnküche zu Giovanni und Mariangela Della Nave begab, huschte ich in unser Zimmer und informierte meine Eltern. Zio Giovanni und Gino gesellten sich zu uns, um sich mit Vater zu besprechen. Kurz entschlossen empfahl dieser: «Nehmt Luigi sowie den kleinen Handwagen mit. Legt Decken in den Karren und bringt Giuanìn damit so schnell wie möglich nach San Bello. In Civo ist es für ihn viel zu gefährlich. Die Gegend dort ist eine Partisanenhochburg und wird deshalb von Faschisten und Deutschen immer wieder durchkämmt. Geht in Gottes Namen; ihr werdet bestimmt gesund wiederkehren!» Giovanni und Luigi befolgten Vaters Rat. Gino war damit ebenfalls einverstanden, schlug aber einen anderen Weg ein, um uns nicht zu gefährden. Wir sahen dem jungen Mann nach. Sein rotes Halstuch – Kennzeichen der Partisanen – flatterte in der frischen Morgenbrise.
Wir Zurückgebliebenen besetzten diverse Kontrollposten, um die Rückkehr Giuanìns abzusichern. Ich bezog auf der kleinen Piazza vor der Kirche Stellung. Von hier aus war es

möglich, die alte Brücke und die Strasse, welche nach San Bello führte, zu beobachten. Angiolina hingegen stand auf der Terrasse und spähte ebenfalls talwärts. Mariangela, Vico sowie meine Eltern kontrollierten vor allem die Feldwege und die Hauptstrasse, welche bergauf Richtung Civo führten. Wir verbrachten Stunde um Stunde auf unseren Posten. Die Spannung wurde immer unerträglicher. Meine Augen brannten vor Anstrengung. Um mir auch nicht das kleinste Geräusch entgehen zu lassen, wagte ich kaum zu atmen. Langsam näherte sich die Sonne dem Horizont und es begann zu dämmern. Plötzlich hörte ich das vereinbarte Signal: einen kurzen, scharfen Pfiff. Augenblicke später sah ich Giovanni und Luigi um die Kurve oberhalb des Brunnens biegen. Vorsichtig zogen die Männer den rumpelnden Karren hinter sich her, in welchem der verletzte Giuanìn – recht unbequem – lag. Sofort pfiff ich ebenfalls, um Angiolina auf der Terrasse zu benachrichtigen. Zio Giovanni, Luigi und Giuanìn waren eben auf dem Dorfplatz angekommen, als Angiolina und Zita die enge Gasse heruntergerannt kamen. Zita weinte verzweifelt, als sie ihren verletzten Verlobten sah. Sie fasste sich jedoch augenblicklich, ergriff zusammen mit Angiolina die Wagendeichsel um mit der kostbaren Fracht eilig zwischen den Häuserreihen zu verschwinden. «Gottseidank ist alles gut gegangen!», murmelte ich und folgte Zio Giovanni und Luigi nach Hause.

Mit grosser Anstrengung gelang es, den Verwundeten die Treppe hinauf in sein Zimmer zu tragen. Als sein Sohn desertiert war, hatte Vater Giovanni in weiser Vorsorge ein Loch in die Holzdecke von Giuanìns Zimmer gesägt. Die Öffnung war gerade so gross, dass sich sein Sohn hindurchzwängen und den Raum zwischen Decke und Dach als Versteck nutzen konnte. Die Luke war dermassen exakt konstruiert, dass sie, einmal geschlossen, nicht mehr auszumachen war. Wir fragten uns insgeheim, wie Giuanìn bei drohender Gefahr von seinem Bett aus durch die Luke in sein Versteck gelangen sollte. Seine Verletzung war jedoch glücklicherweise nicht gravierend. Über die Art und Weise, wie er sich diese zugezogen hatte, berichtete Giuanìn etwas beschämt. Er hatte die Pistole in die Tasche gesteckt und sich zur Ruhe begeben. Anscheinend war die Handfeuerwaffe nicht gesichert; jedenfalls löste sich mitten in der Nacht ein Schuss und durchschlug Giuanìns Oberschenkel, glücklicherweise ohne Arterien oder Knochen zu verletzen. «Ich habe mich in Russland aus einer beinahe aussichtslosen Situationen heil retten können; und nun verletze ich mich auf eine solch stümperhafte Art und Weise!», stöhnte der wackere Partisan zerknirscht.

Am übernächsten Tag erhielten wir die furchtbare Nachricht, dass Giuanìns «Zwillingsbruder» Gino anlässlich einer Razzia von SS-Leuten umgebracht worden war. Die Familie Della Nave war untröstlich. Bald wurde uns allen klar, dass Giuanìns schmerzhaftes Missgeschick ihm mit grösster Wahrscheinlichkeit das Leben gerettet hatte. Da die beiden Cousins und Freunde seit jeher unzertrennlich und auch während der Partisaneneinsätze stets Seite an Seite anzutreffen waren, wäre Giuanìn wohl ebenfalls getötet worden. Wir beschlossen, Giuanìn die traurige Nachricht vorläufig vorzuenthalten, da dieser noch zu schwach war. Am Abend sassen wir alle am grossen Tisch in der Wohnküche. Es herrschte eine bedrückte Stimmung; alle hingen ihren Gedanken nach. Zio Giovanni genehmigte sich eine wackere Prise Schnupftabak und bemerkte nachdenklich: «Nün n'a salvaa viòter e `l Signuur el salva el mè fiöö!»[47] Mariangela fügte mit tränenerstickter Stimme bei: «Dass Giuanìn sich verletzt hat, ist ein Geschenk des

47 Noi abbiamo salvato voi e il Signore salva mio figlio! Wir haben euch gerettet, und der Herr rettet meinen Sohn.

Himmels! Wäre dies nicht geschehen, läge unser Sohn jetzt neben Gino im Grab.»

So verging die Zeit, welche angeblich alle Wunden heilt. Die «vendemmia»[48] hatte begonnen. Der kärgliche Rest der Trauben, welcher dem Unwetter getrotzt hatte, vermochte den grossen Bottich nur zu einem knappen Drittel zu füllen. Nachdem die Trauben geerntet waren, ging es nun darum, diese auszupressen. Wie jedes Jahr, unterzog sich Giovanni Della Nave dem Vorbereitungsritual: Füsse und Beine wurden sorgfältig gewaschen. Danach betrat Zio Giovanni – in frisch gewaschenen, langen Unterhosen – den Bottich und begann, die Trauben zu zertreten. Nach und nach entstand so ein dickflüssiges Gemisch aus Fruchtfleisch, Traubenkernen, Schalen und Saft, die so genannte Maische. Diese blieb nun einige Zeit sich selbst überlassen.
Mitten in der Wohnküche war die Kelter aufgestellt worden. Diese wurde benötigt, um den Fruchtbrei auszupressen. Auch unsere Nachbarn, welche keine eigene Presse besassen, kelterten ihren Wein in unserer Wohnküche. Sie entschädigten Giovanni für dieses Gastrecht mit Salami, Käse oder Maismehl. Normalerweise füllte der süsse Traubensaft einige Fässer und nur der Rest wurde in Flaschen abgefüllt. Dieses Jahr blieben die grossen Fässer leer. Dem Bottich konnten lediglich einige Flaschen abgetrotzt werden. Ein Jahr ohne Wein war für die einheimische Bevölkerung undenkbar. Wie Giovanni augenzwinkernd meinte, seien die einheimischen Bauern mit dem Weinglas in der Hand aufgewachsen und sogar die Kleinkinder würden mit Wein statt mit Muttermilch gesäugt! Während der Wein gekeltert wurde, röstete Mariangela auf dem offenen Feuer die ersten Kastanien dieses Jahres. Die Nussfrüchte wur-

[48] Traubenernte, Weinlese

den nachher, zusammen mit dem frisch gekelterten Wein, genossen. Munteres Stimmengewirr sowie melodiöse Lieder erfüllten die Wohnküche. Erst spät in der Nacht löste sich die heitere Gesellschaft auf.

Gegen Ende Oktober 1944 hatten sich die Luftangriffe dermassen intensiviert, dass sämtliche Strassen- und Bahnverbindungen unterbrochen wurden. Die schon zuvor prekäre Versorgungslage wurde katastrophal. Auf dem Schwarzmarkt stiegen die Preise in schwindelerregende Höhen, die Lebensmittelkarten konnten nicht mehr eingelöst werden. Meine Eltern und ich waren mit unter den Ersten, welche die Notlage zu spüren bekamen. Immer öfters liess mich bohrendes Hungergefühl nachts erwachen. Mit getrockneten Kastanien, welche ich im Mund aufweichte und möglichst lange kaute, versuchte ich, meinen knurrenden Magen etwas zu besänftigen. Leider waren die meisten der steinharten Kastanien, welche vom letzten Jahr übrig geblieben waren, angefault. So versuchte ich nach solch nächtlichem «Genuss», den bitteren Geschmack mit einem Schluck Wasser aus dem Mund zu spülen.
Eines Morgens wollte uns Zio Giovanni überraschen und stellte eine Bettumrahmung ins Zimmer. Damit nicht genug: Um das Doppelbett zu komplettieren, hatte uns Don Luigi Del Nero, der Pfarrer aus Campovico, eine grosse Matratze zukommen lassen! Mit Feuereifer entfernten Luigi und Vico sämtliche Bretter sowie die «Laubmatratze» unserer alten, von Giovanni gezimmerten, Bettstatt. Beim ersten «Probeliegen» merkten wir, dass das Doppelbett leider zu schmal war, um drei Personen genügend Platz zu bieten. Und tatsächlich: Wir verbrachten eine eher unruhige Nacht und vermissten unser zwar rustikaleres, jedoch weit mehr Platz bietendes, altes Bett schmerzlich. Da wir jedoch wussten, dass uns Giovanni mit dem Bett eine Freude bereiten wollte, schwiegen wir und versuchten

San Bello. Durch diese Hintertüre gelangt man von der «Käsekammer» in den Garten. Im Hintergrund das Hauptgebäude der Familie Della Nave.

stattdessen, uns so gut wie möglich an die neue Ruhestatt zu gewöhnen.
Es war offensichtlich: Unsere Kleider waren in einem erbärmlichen Zustand. Obwohl sich Mutter die grösste

Mühe gab, unsere «Garderobe» einigermassen in Stand zu halten, sahen wir in unseren fadenscheinigen Klamotten aus wie Landstreicher. Wurden meine Kleider gewaschen, war ich gezwungen, im Bett auszuharren bis diese – in der Nähe des Ofens hängend – wieder trocken waren. Auch unsere Schuhe hatten sich buchstäblich aufgelöst. Giovanni stellte uns «zoccoli»[49] her, welche er liebevoll – mit Hilfe eines rot glühenden Nagels mit Figuren und geometrischen Formen – verziert hatte.
Giuanìn erholte sich zusehends von seiner Schussverletzung. Eines Tages fanden wir ihn weinend in seiner Kammer vor. Er hatte vom Schicksal Ginos erfahren. Giovannis Sohn war untröstlich; er sollte die Trauer um seinen Cousin und besten Freund für viele Jahre tief in seinem Herzen tragen. Kamen wir auf Gino zu sprechen, verschloss sich Giuanìn und verweigerte jegliche Teilnahme am Gespräch. Wir respektierten seine Haltung und vermieden es in Zukunft, dieses Thema anzuschneiden.
Nach und nach vergrösserte sich mein «Aktionsradius». Ich hatte begonnen, auch die Bauernfamilien in den umliegenden Dörfern zu besuchen, um deren Kinder zu hüten oder den grösseren bei den Hausaufgaben zu helfen. So kehrte ich oft mit Kartoffeln, Reis, Gemüse, Käse und hie und da sogar mit einem Stück Salami nach Hause. Oft wurde ich auch zum Essen eingeladen. Bei diesen Gelegenheiten gelang es mir zuweilen, einige Häppchen von meinem Teller «verschwinden» zu lassen und nach Hause zu schmuggeln. Triumphierend brachte ich jeweils in unserem Zimmer meine Beute zum Vorschein. Wie immer fragten mich meine Eltern sogleich: «Regina, hast du schon gegessen?» Nur auf mein «Ja» hin waren sie bereit, vom Mitgebrachten zu kosten.

49 Zoccolo: Holzschuh, Holzpantoffel

Versteckspiel auf Leben und Tod

Es war ungeschriebenes Gesetz in unserer Gegend: Vom ersten November an durfte jedermann Kastanien – welche unter den Bäumen lagen – einsammeln und nach Hause bringen; und zwar unabhängig davon, auf wessen Gut die Kastanienbäume standen. Die «Feigensaison» war vorbei, die Zeit der Beeren abgelaufen. So mussten wir versuchen, möglichst viele Kastanien zu ergattern, um im Winter davon zehren zu können.

Eines Morgens pochte es an unsere Tür. Als ich öffnete, stand Luigi mit einem Korb in der Hand auf der Schwelle und fragte: «Reginetta, kommst du mit mir Kastanien sammeln?» Da ich eben dabei war, meiner Mutter beim Putzen zu helfen, vertröstete ich den Knaben auf den Nachmittag. Vater schaute auf, legte die Zeitung beiseite, griff sich ebenfalls einen Korb und erklärte sich bereit, Luigi zu begleiten. Die Luft war frisch, die Tautropfen auf den Wiesen glitzerten wie Diamanten und weit unten im Tal reflektierte die ruhig dahin fliessende Adda die kaum mehr wärmenden Sonnenstrahlen. Luigi und Vater verliessen das Zimmer durch den Hinterausgang und zogen auf dem schmalen Trampelpfad bergwärts. Nach etwa zehn Minuten erreichten sie die ersten Kastanienbäume und begannen, mit den feinen, nahrhaften Nussfrüchten ihre Körbe zu füllen. Papa und der schweigsame, introvertierte Luigi sammelten emsig, sodass die Körbe rasch schwerer wurden. Vater versuchte, durch allerlei Fragen die eher schleppende Unterhaltung in Gang zu halten. Luigi war ein tüchtiger, intelligenter Junge und wusste viel über Land und Leute zu erzählen. Nur musste man dieses Wissen durch Fragen und Nachhaken aus ihm herauskitzeln. Als die Körbe voll waren, machten sich die beiden Sammler auf den Heimweg. Am Waldrand angelangt, wandte sich Vater an den Knaben: «Luigi, geh bitte voraus und schau, ob die Luft rein ist!» Der Junge tat, wie ihm geheissen und betrat sorglos den schmalen Pfad, der kurvenreich nach San Bello hinunter führte. Nach wenigen Metern pfiff er wie vereinbart und Vater machte sich auf, seinem Begleiter zu folgen. Die beiden hatten erst wenige Meter zurückgelegt, als sie wie versteinert stehen blieben: Wie aus dem Nichts tauchten etwa 50 Meter unter ihnen fünf Männer in Begleitung eines Schäferhundes auf und schritten bedächtig bergauf; genau in ihre Richtung! Papa und Luigi duckten sich blitzschnell hinter einen Haselstrauch. Mit vor Schrecken geweiteten Augen sahen sie sich an. «Deutsche und Schwarzhemden!», raunte Luigi atemlos. Da begann der Hund wütend zu bellen. Die Männer blieben wie vom Donner gerührt stehen und brachten ihre kurzläufigen Maschinenpistolen in Anschlag. Als sich nichts regte, setzten sie ihren Weg fort. Sowohl Luigi wie auch meinem Vater war klar, dass – angesichts der näher kommenden Männer sowie des Hundes – eine Flucht aussichtslos war. Papa, welcher knapp hinter Luigi stand, raunte diesem hastig zu: «Luigi, du kennst mich nicht; du hast mich noch nie gesehen! Und jetzt geh! Geh nach Hause!» Mit steifen Schritten, halb gelähmt vor Angst, machte sich Luigi Richtung San Bello auf den Weg. Vater wartete hinter dem Strauch, bis sich der Knabe etwas entfernt hatte. Dann betrat auch Papa den Pfad, welcher steil talwärts führte. Er beobachtete atemlos, wie sich Luigi der Patrouille näherte. Würde der 11-jährige Knabe seine Nerven im Zaum halten können? Inzwischen waren die Stimmen der Wehrmänner deutlich zu hören; nach wenigen Augenblicken tauchten diese hinter einer Wegbiegung auf und standen unmittelbar vor Luigi. Die fünf Bewaffneten blickten erstaunt auf den Jungen. Der Hundeführer versuchte, den wie von Sinnen kläffenden Hund zu beruhigen. Luigi gelang es nicht, seine Furcht zu kaschieren; er zitterte wie Espenlaub, das Herz schlug ihm bis zum Halse. Dem Knaben war klar, dass seine offensichtliche Panik den Verdacht der Männer erwecken musste. Was tun? Geistesgegenwärtig starrte Luigi mit weit aufgerissenen Augen auf den Hund, hob die Arme vors Gesicht und drückte sich in übertrieben zur Schau gestellter Furcht an die Steinmauer am Wegrand. «Platz! Fuss!» Der Hundeführer riss ruckartig an der Leine und brachte das Tier so zur Ruhe. Luigi löste seinen Blick vom Hund und richtete ihn auf die stumm vor ihm stehenden Männer.

Alle fünf waren mit Maschinenpistolen bewaffnet. Ihre Uniform verriet, dass es sich um drei Männer der Waffen-SS sowie um zwei «Schwarzhemden» handelte. Der Anführer der Truppe, ein gross gewachsener Mann mit Brille, trat auf Luigi zu. Wie hypnotisiert starrte dieser auf die Insignien der SS: die Schirmmütze mit dem Totenkopf-Emblem sowie die SS-Runen auf dem Kragen des grauen Waffenrockes. Der Deutsche legte Luigi die Hand beruhigend auf die Schulter: «Keine Angst, mein Junge, der Hund tut dir nichts!» Luigi verstand kein Wort und sah den Wehrmann verständnislos an. Dieser wandte sich um und sprach einen der Schwarzhemden mit sonorer Stimme in der für Luigi unverständlichen, deutschen Sprache an. Der Faschist trat neben den gross gewachsenen Offizier und fragte Luigi auf Italienisch: «Wer bist du? Wo bist du gewesen?» Und indem er auf meinen – sich der Gruppe langsam nähernden – Vater zeigte: «Ist dies dein Vater?» Die Männer liessen die Blicke zwischen Luigi und Papa hin und her schweifen. Luigi wusste, dass es nun auf Leben und Tod ging. Zu seinem eigenen Erstaunen konstatierte er, dass er ruhiger wurde und mit erstaunlicher Gelassenheit und Distanz sein Gegenüber betrachtete. Der Deutsche musterte Luigi mit wachem Interesse, derweil der mit graugrüner Uniformhose und zerschlissenem schwarzen Rollkragenpullover gekleidete Faschist den Knaben ungeduldig zum Sprechen aufforderte. Luigi antwortete mit fester Stimme: «Ich heis-

se Luigi Della Nave und wohne in San Bello. Dieser Mann ist nicht mein Vater. Er sammelte Kastanien, wie ich, jedoch weiter oben im Wald. Der Mann ist mir nicht bekannt. Ich habe ihn heute das erste Mal gesehen.» Während Luigis Antwort auf Deutsch übersetzt wurde, näherte sich Vater der Gruppe. Der Schäferhund begann zu knurren und an der Leine zu zerren. Deutsche und Faschisten verlagerten ihr Interesse von Luigi hin auf meinen Vater.
Dieser beachtete weder Hund noch Männer und wollte sich mit gesenktem Kopfe an der Gruppe vorbei stehlen. Ärgerlich packte ihn einer der SS-Wehrmänner am Arm und zwang ihn, stehen zu bleiben. Papa gehorchte wortlos. Der Deutsche hob Vaters Kopf unsanft am Kinn hoch – um ihn mit einem verblüfften und erschrockenen Ausruf sogleich wieder loszulassen. Die Männer, wie auch Luigi, starrten entgeistert auf meinen Vater, welcher unartikuliert und mit glasigem Blick zu kreischen begonnen hatte: «Castagne! Castagne! Buone! Buone!» Ununterbrochen stiess Papa diese Worte aus, griff immer wieder in den Korb und zeigte den verblüfften Deutschen und Faschisten seine Ernte. Totenbleich starrte der kleine Luigi auf meinen Vater. Der Knabe war überzeugt, dass dieser vor lauter Angst übergeschnappt sei. Unterdessen hatten sich die Männer von ihrer Überraschung erholt und beobachteten – teils teilnahmsvoll, teils belustigt – wie der geistig Verwirrte sabbernd im mit Kastanien gefüllten Korb wühlte, immer wieder sein «Castagne! Castagne buone!» wiederholte und ihnen von den Nussfrüchten anbot. Einer der Deutschen wollte das Spiel mitmachen und griff sich eine Handvoll. Da begann Papa unartikuliert «No! No! Pagare, pagare!»[50] zu keifen, sodass der Mann die Kastanien erschrocken in den Korb zurücklegte. Mit irrem Lachen und hektisch her-

[50] Bezahlen, bezahlen!

vorgestossenem «Via! Via!»[51] bahnte sich Vater einen Weg durch die kleine Gruppe und trippelte schwankend, in ein Selbstgespräch vertieft, Richtung San Bello. Kopfschüttelnd wandte sich einer der Schwarzhemden Luigi zu und fragte eindringlich: «Zum letzten Mal: Wer ist dieser Mann? Kennst du ihn?» Luigi, der sich vom ersten Schreck erholt hatte, antwortete ruhig: «No, mai visto![52] Ich habe diesen Mann noch nie gesehen. Vielleicht ist er aus dem manicomio[53] in Morbegno entwichen, um Kastanien suchen zu gehen». Der SS-Offizier legte seine Hand erneut auf Luigis Schulter und riet väterlich: «Geh besser nach Hause, Junge. Die Gegend ist gefährlich. Du solltest dich wirklich nicht zu weit vom Dorf entfernen!» Mit einem kaum hörbaren «buongiorno!» verabschiedete sich Luigi von den Männern und machte sich auf den Heimweg. Es schien ihm, als spüre er die Blicke der Wehrmänner auf seinem Rücken. In seiner Fantasie malte er sich aus, wie die Schwarzhemden und SS-Männer ihre Maschinenpistolen auf ihn richteten. Immer schmerzhafter pochte sein Herz an die Rippen, aus seinen zitternden Beinen wich jegliche Kraft. Mit letzter Willensanstrengung gelang es dem geschockten Knaben, die nächste Wegbiegung zu erreichen. Ein kurzer Blick über die Schulter – die Bewaffneten hatten ihren Weg fortgesetzt und entschwanden eben seinen Blicken. Da versagten Luigis Beine ihren Dienst. Schwer atmend und gegen starke Übelkeit ankämpfend, lag der Knabe am Wegrand. Als er sich nach einigen Minuten wieder mühsam aufrappelte, sah er Vater den Pfad hinauf eilen.
«Luigi, um Himmelswillen, Luigi!» Besorgt schritt Papa auf den verlegen zu Boden blickenden Knaben zu und umarmte ihn mit Tränen in den Augen. «Ich habe etwas weiter

[51] Fort! Fort!
[52] Nein, nie gesehen!
[53] psychiatrische Klinik

unten auf dich gewartet!» «Signor Filippo!» stammelte Luigi; und – indem er meinen Vater aufmerksam musterte – fragte er besorgt: «Geht es Ihnen wieder ...» Ohne Luigi ausreden zu lassen, fasste Papa Luigi an den Schultern und lallte – das Gesicht zu einer törichten Grimasse verziehend – leise: «Castagne, buone!» Da löste sich Luigis Anspannung in einem unterdrückten, jedoch befreienden Lachen. Auf dem Heimweg bat er Vater: «Signor Filippo, erzählen Sie meinen Eltern nichts von unserer Begegnung! Ansonsten lassen sie mich nicht mehr aus dem Haus; und wir sind doch auf die Kastanien angewiesen!» Mein Vater wollte dem mutigen Luigi antworten; es gelang ihm jedoch lediglich, stumm zu nicken. Als Mutter und ich später von der verhängnisvollen Begegnung erfuhren, begriffen wir sofort, dass die Geistesgegenwart der beiden tüchtigen Kastaniensammler uns allen das Leben gerettet hatte.

Immer mehr Männer schlossen sich den Partisaneneinheiten in den Bergen an. Die Anschläge auf faschistische Einrichtungen und Patrouillen häuften sich. Die Vergeltung der Besatzer liess jedoch nie lange auf sich warten und wurde immer härter und gnadenloser. Eines Abends, mitten in der Woche, kehrte Giovanni von seiner Arbeit nach Hause zurück. Er war zutiefst deprimiert und eröffnete uns, dass er seine Arbeit verloren habe. Der Besitzer der Sägerei hätte, infolge der unsicheren Lage, den Betrieb einstellen und alle Mitarbeiter entlassen müssen. Wir schwiegen betroffen. Das bedeutete wahrlich ein harter Schlag für diese arme Bauernfamilie! Virginia brachte uns weiterhin regelmässig Nachrichten nach San Bello. Anhand konkreter Vorkommnisse erzählte sie uns immer wieder, wie gnadenlos die Deutschen und Faschisten gegen Juden, Partisanen und deren Sympathisanten vorzugehen pflegten. Personen wurden – auf blossen Verdacht hin, den Partisanen anzugehören oder mit ihnen zu kooperieren – umgebracht, deren Häuser niedergebrannt. Gleiches widerfuhr all jenen, welche Juden Unterschlupf gewährten. Eines Tages überbrachte uns Virginia die beunruhigende Nachricht, dass eine gross angelegte Razzia gegen Partisanen im unteren Veltlin in Vorbereitung sei. In dieser Nacht fand ich kaum Schlaf. Unaufhörlich wirbelten düstere Gedanken in meinem Kopfe herum. Es war November 1944, der Monat, in welchem ich meinen Geburtstag feierte. Gleichzeitig schien dieser Monat der «Schicksalsmonat» unserer Familie zu sein: die Judenpogrome im November 1938, welche als die «Reichskristallnacht» in die Geschichtsbücher eingingen; der erzwungene Transfer von San Giovanni Bianco nach Serina im November 1942; im November 1943 schlussendlich wurde der Befehl erlassen, sämtliche Juden in Italien festzunehmen und den Deutschen auszuliefern. Noch viele Jahre nach Kriegsende litt ich im Spätherbst unter Ängsten und Depressionen, sodass ich meinen Geburtstag am 26. November kaum einmal unbeschwert feiern konnte.

Wie sich herausstellen sollte, war Virginias Warnung nicht unbegründet. Es war ein kalter, unwirtlicher Morgen, als ich mit Angiolina den Weg nach Morbegno unter die Füsse nahm, um Brot einzukaufen. Wir befanden uns eben auf der Hauptstrasse unterhalb des Dorfbrunnens, als wir wie angewurzelt stehen blieben und ungläubig ins Tal hinunter blickten: Alle Strassen und Wege, welche von Morbegno Richtung Ponte di Ganda führten, wimmelten von schwer bewaffneten Soldaten und Fahrzeugen aller Art. Wir machten auf der Stelle kehrt und rannten, wie von Furien gehetzt, nach Hause zurück. Ich bekundete grosse Mühe, der ausdauernden, kräftigen Angiolina zu folgen und fiel immer weiter zurück. Das Gehen – geschweige denn das Laufen – bereiteten mir mit den Zoccoli noch etwelche Schwierigkeiten; zudem schmerzten mich meine immer noch nicht genesenen Füsse. In San Bello angekommen,

rief Angiolina atemlos: «Giuanìn, Signor Filippo, flieht! Flieht so schnell ihr könnt! Es geht um Leben und Tod!»
Mariangela Della Nave versuchte uns zu beruhigen: «Keine Angst, meine Lieben, wir sind bereits gewarnt worden. Die beiden Männer haben sich, gemeinsam mit einem einheimischen, befreundeten Partisanen, im Kellergewölbe des Kirchleins versteckt. Der Eingang zu diesem Versteck führt durch den an die Kirche angebauten Abstellraum und ist mit Reisigbündeln gut getarnt!» Meine Mutter machte sich in der Käsekammer sofort daran, sämtliche Gegenstände und Schriftstücke, welche unsere Herkunft hätten verraten können, zu verstecken oder zu verbrennen. In hektischer Eile zog sie sich ein dunkles Kleid über und begab sich in Mariangelas Wohnküche. Dort setzte sich Mama auf einen Schemel und begann, Wolle zu spinnen.
Kurz darauf widerhallte das Geräusch schwerer Nagelschuhe in den engen Gassen San Bellos. «Aprite! Aprite subito!»,[54] schnarrte eine Stimme mit starkem deutschem Akzent; heftiges Klopfen verlieh dieser unmissverständlichen Aufforderung Nachdruck. Zwei deutsche Soldaten sowie zwei Faschisten betraten die Wohnküche: «Sind Männer im Hause?», erkundigte sich einer der Faschisten. Mariangela antwortete, dass ihr Mann im Stall beschäftigt sei und sich ihre beiden Söhne in der Schule befänden. Einer der Italiener fungierte als Dolmetscher und übersetzte Mariangelas Worte in ein fürchterliches Deutsch. Als die Männer begannen, sich misstrauisch im Hause umzusehen, betraten unvermittelt zwei blutjunge deutsche Wehrmänner aufgeregt die Wohnküche und teilten den Anwesenden mit, dass sie Hilfe benötigen würden: In der Meinung, dass es sich um eine Durchgangsstrasse handle, hatten die beiden Motorfahrer ihre zwei mit Maschinenge-

54 Öffnet! Öffnet sofort!

wehren und Munition beladenen Camions von der Hauptstrasse weg in die Sackgasse gelenkt, welche auf dem Dorfplatz von San Bello endet. Fluchend und schimpfend folgten die beiden Deutschen ihren Kameraden, um sich ein Bild von der Situation zu machen.

In der Zwischenzeit hatte der eine der beiden Faschisten begonnen, die Wohnküche zu durchsuchen. Der andere liess sich von Mariangela in die Zimmer begleiten, um sich dort umzusehen. Ich beobachtete, wie sich der Italiener halbherzig an Schubladen und Schränken zu schaffen machte. Die Eier, welche er im Vorratsschrank entdeckte, liessen ihn seine eigentliche Aufgabe jedoch umgehend vergessen. Er hiess mich freundlich, die Eier zuzubereiten. Ich machte mich an die Arbeit und bat den Faschisten gleichzeitig, sich etwas zu gedulden. Schon im nächsten Moment bereute ich meine Worte. Der gut aussehende, schwarzhaarige Mann fixierte mich aufmerksam und fragte verwundert, weshalb ich Italienisch und nicht den lokalen Dialekt spräche. Mit gespielter Gleichgültigkeit gab ich ihm zu verstehen, dass ich hier mit meiner gelähmten Mutter bei Onkel Giovanni Aufnahme gefunden habe. Mein Vater sei in Mailand bei einem Bombardement ums Leben gekommen. Mama habe, ob all des Leids und Schreckens, den Verstand verloren. Mitleidig schaute der Mann auf meine Mutter, welche mit starrem Blick und heraushängender Zunge auf ihrem Hocker sass (wir hatten frühzeitig vereinbart, dass Mutti eine geistig verwirrte, stotternde Frau spielen sollte, um so ihren deutschen Akzent zu vertuschen). Sie spielte ihre Rolle so perfekt, dass selbst ich irritiert war.
Ich hatte keine Zeit, aufzuatmen; das Verhör ging weiter: «Wo ist der Sohn deines Onkels?» Ich antwortete: «Mein Onkel hat zwei kleine Söhne; diese befinden sich, wie erwähnt, im Schulhaus von Campovico.» «Lüge nicht!», ant-

wortete der Soldat leise und eindringlich. «Schau mal, was ich gefunden habe!» In der Hand hielt er Giuanìns Wollmütze. Ich stellte das Glas Wasser, welches ich in der Hand hielt, rasch auf den Tisch. Mein Gegenüber sollte nicht sehen, wie sehr meine Hand zitterte. Ich ergriff die Mütze und bemerkte so beiläufig wie möglich: «Die Mütze gehört meinem Onkel. Sie stammt aus der Zeit des ersten Weltkrieges. Er benützt sie jetzt vor allem im Winter.» Der Mann schaute mich kopfschüttelnd an und raunte: «Nein, mein Kind! Ich habe selbst vor zwei Jahren an der russischen Front gekämpft; wir alle trugen solche Mützen. Hab jedoch keine Angst. Ich werde euch nicht verraten.» Er zeigte auf die Kopfbedeckung und flüsterte: «Versteck die Mütze jetzt und verbrenne sie, sobald wir weg sind. Niemand darf sie hier finden.» Er zwinkerte mir verschwörerisch zu, begab sich zur Treppe und rief, an seinen Kameraden gewandt: «Hör auf zu suchen; hier ist nichts zu finden. Komm herunter! Wir wollen die arme Frau hier nicht noch mehr erschrecken.»

Fast gleichzeitig betraten Mariangela mit dem Faschisten sowie die beiden deutschen Soldaten, welche ihre Inspektion auf der Piazza beendet hatten, die Wohnküche. Die Wehrmänner gesellten sich zu ihren italienischen Waffenbrüdern und versuchten, die offenbar chaotische Situation auf dem Platz vor der Kirche zu schildern. Ich setzte den Männern die hart gekochten Eier vor. Mit Brot, Käse und geräucherten Würsten, welche sie ihren Proviantbeuteln entnahmen, vervollständigten unsere «Gäste» ihre Brotzeit. Sie hatten wohl bemerkt, dass es uns Einheimischen am Allernötigsten fehlte und luden uns ein, an der Mahlzeit teilzunehmen. Um die Männer nicht zu verärgern, setzten Mariangela, Angiolina und ich uns zu ihnen an den Tisch. Meine Mutter, welche von den Männern immer wieder mit mitleidigen Blicken bedacht wurde, verharrte teilnahmslos auf ihrem Hocker. Aus verständlichen Gründen

Anbau – und gleichzeitig Eingang ins Kellergewölbe – der Kirche San Benigno in San Bello.

hielt sich unser Appetit in Grenzen. Unbehaglich rutschte ich auf meinem Stuhl hin und her und versuchte, ein paar Bissen hinunterzuschlingen. Wir atmeten erleichtert auf, als sich die Besucher endlich verabschiedeten.
Obschon uns allen der Schrecken immer noch in den Gliedern sass, siegte bei Angiolina und mir schlussendlich doch die Neugier. So stahlen wir uns bei der erstbesten Gelegenheit aus der Wohnküche, um Wasser zu holen. Das Spektakel, das sich uns bot, war eindrücklich: Bewaffnete Männer

beherrschten das ganze Dorf. Von der Piazza her war lautes Rufen, Fluchen sowie der Lärm zweier Lastwagenmotoren zu vernehmen. Ich stellte mir vor, wie es wohl den drei Männern zumute sein würde, welche wenige Meter neben dem Dorfplatz hilflos im Kellergewölbe des Kirchleins ausharren mussten. Mein Vater, Giuanìn und der Partisan konnten natürlich nicht ahnen, dass die Ursache der ganzen Aufregung lediglich zwei blockierte Lastwagen waren!

Als wir mit gefüllten Wassereimern zurückkehrten, hielt uns einer der wachhabenden Faschisten neben der Kirche an und fragte Angiolina: «Wo sind die Partisanen? Habt ihr welche gesehen?» Wie auf Kommando schüttelten wir verneinend den Kopf. Der Mann musterte uns grimmig: «Sicher kämpfen auch eure Verwandten und Bekannten auf Seiten der Partisanen und ihr unterstützt sie kräftig!» Aus den Augenwinkeln sah ich, dass einige der in der Nähe stehenden Schwarzhemden und Deutschen auf uns aufmerksam wurden. Um die Situation zu entschärfen, antwortete ich: «Schauen Sie uns an, Signor tenente![55] Sehen so Partisanen aus?» Die finstere Miene des – offensichtlich ob meiner für ihn ungewöhnlichen Anrede geschmeichelten – Mannes hellte sich etwas auf. Seine Kameraden lachten amüsiert und einer von ihnen bemerkte: «Lasst für heute genug sein. Schafft Holz herbei, damit wir am Abend beim Wachestehen nicht frieren.» Mit diesen Worten zeigte er auf die Holztür des am nächsten stehenden Hauses und nestelte gleichzeitig eine Handgranate von seinem Gürtel. Grinsend fuhr er fort: «Kommt mit, ich werde euch zeigen, wie man sich innert Sekunden Brennholz beschaffen kann!» Angiolina schaute mich fragend und Hilfe suchend an. Die unter der Kirche versteckten Männer wür-

[55] Leutnant

den beim Ertönen der Explosion zweifellos das Schlimmste befürchten und – wie abgemacht – versuchen, sich durch das Fensterchen des kleinen Abstellraumes davonzumachen. Unmittelbar unter diesem kleinen Fenster, das sich auf der vom Dorfplatz abgewandten Seite des Anbaues befand, hielten drei Soldaten mit ihrem schweren Maschinengewehr den Ponte di Ganda unter Kontrolle. Im Falle einer Flucht würden somit mein Vater, Giuanìn und der Partisan diesen Soldaten im wahrsten Sinne des Wortes direkt in die Arme springen. In meiner Verzweiflung ergriff ich die Hand eines deutschen Offiziers – der offensichtlich der Kommandant der Truppe war – und flehte: «Bitte, sagen Sie dem ‹tenente›, dass er das nicht tun soll! Wenn er die Tür zerstört, kann jedermann dieses Haus betreten. Die Eigentümer des Gebäudes befinden sich in Mailand. Partisanen oder Kriminelle werden davon Besitz ergreifen und alles stehlen, was nicht niet- und nagelfest ist. Zudem können meine Freundin und ich Ihnen Holz beschaffen so viel Sie wollen!» Der deutsche Offizier schaute mich verständnislos an und liess sich meinen Wortschwall von einem Dolmetscher übersetzen. Danach gab er mir einen leichten Klaps auf den Hinterkopf und murmelte: «Du hast 'n Nerv, weisst du! Aber vielleicht hast du Recht.» Ich blickte zu ihm hoch und tat so, als hätte ich überhaupt nichts verstanden. Der Offizier gebot dem «tenente» mit scharfer Stimme Einhalt und beorderte zwei deutsche Wehrmänner zu sich. Mit knappen Worten befahl er diesen, uns nach Hause zu begleiten und mit Brennholz zurückzukehren. Kaum hatte sich der Offizier abgewandt, eilten Angiolina und ich – mit den beiden Deutschen im Schlepptau – so schnell es unsere Last erlaubte, nach Hause. Dort angekommen, informierte Angiolina Zio Giovanni über das Geschehen auf der Piazza. Umgehend händigte dieser den beiden Männern Feuerholz aus und versicherte ihnen gestikulierend, bei Bedarf jederzeit für Nachschub sorgen zu wollen.

Auf dem Dorfplatz hatte sich die Lage normalisiert. Den Männern war es – mit Hilfe eines aus Morbegno angeforderten Abschleppwagens – gelungen, die Camions zurück auf die Hauptstrasse zu manövrieren. Mit den beiden Lastwagen verschwanden nach und nach auch die Deutschen und Faschisten aus San Bello, um nun auch noch die höher gelegenen Dörfer und Regionen nach Partisanen abzusuchen. Lediglich am Eingang des Dorfes, beim Brunnen, wurde ein Wachposten eingerichtet.
Mariangela war damit beschäftigt, eine «minestrone» zuzubereiten. Zusammen mit Wasser, etwas Brot, Käse und Salami sollte Vater Giovanni die reichhaltige Gemüsesuppe in die «Katakombe» unter der Kirche schmuggeln, wo die hungrigen Männer immer noch ausharrten. Giovanni packte all die Köstlichkeiten in einen Tragkorb. Unterdessen waren Angiolina und ich unterwegs zum Dorfbrunnen. Es war unsere Aufgabe, die Wachen abzulenken, damit sich Giovanni ungesehen in das Versteck begeben konnte. Als wir uns von der Piazza aus Richtung Dorfbrunnen zu bewegten, begannen wir, die Soldaten anzusprechen: «Sentinella! O, sentinella!»[56] Wir hatten – aufgrund der Ausgangssperre – Angst, alleine weiterzugehen. Sofort näherten sich uns die beiden Faschisten. Wir erklärten ihnen, dass wir Wasser für unser Vieh benötigen würden. Die beiden Männer begleiteten uns zum Brunnen und halfen uns sogar, die Kessel zu füllen. Dies war der Moment, um die Aufmerksamkeit der beiden Soldaten in andere Bahnen zu lenken. Ich wusste, dass die Partisanen bei Faschisten und Deutschen gefürchtet waren und flüsterte ängstlich, indem ich bergwärts zeigte: «Schauen Sie mal, dieses flackernde Licht dort im Wald … das werden doch wohl nicht Partisanen sein!?» In Wirklichkeit hatte ich natürlich über-

[56] Wache, Wächter

haupt nichts gesehen; die beiden Faschisten jedoch zeigten sich sofort beunruhigt. Angiolina hieb umgehend in die gleiche Kerbe und bestätigte, ebenfalls Lichter gesehen zu haben. Die Männer zückten ihre Feldstecher und suchten die von uns angegebene Gegend sorgfältig – jedoch ergebnislos – ab. Gleichzeitig plapperten Angiolina und ich ununterbrochen auf sie ein; unter anderem tischten wir ihnen blutrünstige Geschichten von Partisanenüberfällen auf, um sie zu verunsichern und ihnen eine gehörige Portion Angst einzujagen. Und wir erreichten damit tatsächlich unser Ziel: Die ganze Zeit über kehrten die beiden sichtbar verunsicherten Wachen der Kirche und dem Dorfe den Rücken zu; ihre ganze Aufmerksamkeit galt dem bewaldeten Berghang, welcher angeblich von Partisanen wimmelte!

Obwohl es empfindlich kühl geworden war, begannen Angela und ich zu schwitzen. Die Zeit verging, ohne dass sich Zio Giovanni bemerkbar gemacht hätte. War etwas schief gelaufen? Endlich, nach scheinbar endloser Zeit, hörten wir, wie Angelas Vater unsere Namen rief. Einer der beiden Soldaten fragte misstrauisch: «Wer ist das? Was ist los?» Angiolina entgegnete: «Das ist mein Vater. Er ist ungehalten darüber, dass wir uns um diese Zeit so lange in Gesellschaft junger, unbekannter Männer aufhalten. Wir tun deshalb gut daran, aufzubrechen, bevor Vater hier auftaucht!» Nach diesen Worten schienen die beiden wackeren Wehrmänner beinahe erleichtert, als wir uns Richtung Dorf davonmachten!

Durchfroren, aber ob des Gelingens unserer Mission höchst zufrieden, kehrten wir nach Hause zurück. Zio Giovanni erzählte uns, dass er die drei Männer gesund, aber – ob des Lärms, der von aussen in ihr Versteck gedrungen war – zu Tode erschrocken angetroffen habe. Um sich warm zu halten, sässen die Männer eng aneinandergerückt und wärmten sich mit dem Mantel meines Vaters und einer Woll-

Der Brunnen mit «lavatoio» in San Bello.

decke, welche Giuanìn mitgebracht hatte. «Sie waren glücklich, mich zu sehen und zu hören, dass bis anhin alles gut gegangen ist», fügte Giovanni bei. «Mit Heisshunger haben sie die Suppe ausgelöffelt; Wasser, Brot, Käse und Salami wollten sie als Reserve aufheben. Die drei Männer baten mich lediglich, ihnen eine zusätzliche Decke zu bringen. Ich habe ihnen dringend davon abgeraten, bei einer weiteren Razzia einen Fluchtversuch durch das Fenster des Anbaus zu unternehmen. Dieses Unterfangen würde ihren sicheren Tod bedeuten!»
Am Morgen darauf waren die beiden Faschisten, welche am Brunnen Wache geschoben hatten, verschwunden. Lediglich unten im Tale, in unmittelbarer Nähe des Ponte di Ganda, patrouillierten einige Soldaten. Abwechslungsweise hielten wir die Brücke, die Kirche und die umliegenden Häuser im Blickfeld, derweilen Mariangela und Giovanni

Decken und Lebensmittel in die «Katakombe» unter der Kirche brachten. Ich stand unmittelbar neben dem Eingang des Anbaus, um im Notfall Giovanni und Mariangela warnen zu können; doch alles blieb ruhig.
Während der beiden nächsten Tage war die Luft erfüllt vom Lärm der unzähligen Motorfahrzeuge und Soldaten, welche sich auf der Hauptstrasse bergwärts bewegten. Nebst Waffen, Munition und Lebensmittelvorräten wurde sogar eine Feldküche mitgeführt. Am dritten Tag der Grossrazzia stand plötzlich ein Soldat in der Uniform der Faschisten auf der Türschwelle zur Wohnküche und fragte Mariangela nach Giuanìn; er sei mit diesem befreundet und habe mit ihm an der russischen Front gekämpft. Ohne nachzudenken antwortete Mariangela, dass sie keine Ahnung habe, wo sich ihr Sohn gegenwärtig befände. Enttäuscht machte sich der Faschist davon, um sich wieder seiner Einheit anzuschliessen.
Tags darauf stand derselbe Mann wieder vor der Türe und bat Mariangela, ihn einzulassen. Der Fremde nahm am Tisch Platz und berichtete, dass der Befehl erlassen worden sei, die Razzia zu beenden und ins Tal zurückzukehren. Hunderten von Faschisten und Deutschen sei es nicht gelungen, auch nur einen einzigen Partisanen unschädlich zu machen! Gespannt hörten Mariangela, Angiolina und ich den weiteren Ausführungen des Mannes zu: «In Civo, einem Dorf, das als Partisanenhochburg gilt, suchten sie nach einem Partisanenkommandanten, welcher von allen ‹Cip›[57] genannt wurde. Deutsche und Faschisten verteilten den Kindern Schokolade und versuchten, auf diese Weise an Informationen heranzukommen. Die Kleinen machten sich mit Heisshunger über den ungewohnten Leckerbissen her, währenddessen die Männer nach ‹Cip› fragten. In aller

57 Ausgesprochen: «Tschip»

Ruhe vertilgten die Schleckmäuler ihre Schokolade; danach wandten sie sich endlich den ungeduldig wartenden Wehrmännern zu: ‹Cip, cip, cip … all' unsere Küken sind tot … cip, cip, cip …!› Deutsche und Faschisten begannen fürchterlich zu fluchen und liessen verlauten, dass bereits die Kleinsten mit der ‹Partisanenkrankheit› angesteckt seien!» Mit einem schadenfreudigen Lächeln beendete unser Besucher seinen Bericht. Er stand auf und bat uns, Giuanìn herzlich zu grüssen, wenn dieser wieder zurückgekommen sei. Mariangela sah den Fremden an und sprach, mehr zu sich selbst gewandt: «Sie tragen die Uniform der Faschisten – und scheinen sich doch zu freuen, dass ‹Cip› nicht gefasst worden ist!?» Der Mann schaute Mariangela einen Augenblick lang an, schüttelte ihr schlussendlich wortlos die Hand, zwinkerte Angiolina und mir zu und verliess die Wohnküche.

Einen Tag darauf zog eine endlose Personen- und Fahrzeugkolonne Richtung Tal. Die unrasierten, übermüdeten und sichtbar schlechtgelaunten Männer versuchten entnervt, die grossen Lastwagen und schweren Waffen durch die engen Kehren der Hauptstrasse zu manövrieren. Immer wieder wurde der Tross durch blockierte Fahrzeuge aufgehalten. Als gegen Abend das letzte Fahrzeug und der letzte Bewaffnete die alte Steinbrücke überquert hatten, atmeten wir erleichtert auf. Um ganz sicher zu gehen, verbrachten unsere Männer auch diese Nacht noch in ihrem wenig einladenden Versteck unter der Kirche. Am nächsten Morgen, nach beinahe einer Woche im kalten, dunklen Verlies, erblickten Giuanìn, mein Vater sowie der mit Giuanìn befreundete Partisan endlich wieder das Tageslicht. Ihre unrasierten Gesichter liessen die Männer noch bleicher und abgezehrter erscheinen als sie in Wirklichkeit waren. Dennoch strahlten sie um die Wette; froh, der Gefahr und dem feuchten Loch glücklich entronnen zu sein.

Nach dieser schlimmen Woche waren unsere Lebensmittelvorräte aufgebraucht. Kurzerhand anerbot ich mich, uns in Morbegno Brot zu besorgen. Auf der Strasse empfing mich eine steife, kalte Brise, welche mich erschauern liess. Ich litt Hunger, fürchterlichen Hunger und war deshalb total entkräftet. Immer wieder zwangen mich Schwindelattacken, Pausen einzulegen. Als ich die ersten Häuser der Fraktion Ponte di Ganda erreicht hatte, ertönte die Alarmsirene. Ihr unheimliches, an- und abschwellendes Heulen wurde bald einmal von einem bedrohlichen Dröhnen übertönt. Schon überflogen englische Jagdflugzeuge im Tiefflug die Häuser Morbegnos. Ich rannte so schnell ich konnte Richtung Bäckerei, die sich auf der anderen Seite der Adda, im Quartier Bottà, befand. Als ich mein Ziel erreicht hatte, fand ich den Laden verschlossen vor! In diesem Augenblick näherten sich, von Osten her kommend, die Flieger erneut. Wie Raubvögel stürzten sie sich auf den Bahnhof Morbegnos und entledigten sich ihrer tödlichen Fracht. Ich kauerte, zitternd vor Angst, an der Hausmauer und starrte mit vor Schrecken geweiteten Augen auf die immer wieder angreifenden Maschinen. Nach einer Weile schloss ich die Augen und hielt mir beide Ohren zu. Ich wollte das Hämmern der Bordwaffen und die krachenden Einschläge der Bomben nicht mehr hören! Nach endlosen Minuten verschwanden die Flugzeuge Richtung Comersee; die Sirene verkündete mit lang anhaltendem Ton Entwarnung.
Trotz meiner Angst nahm ich das Aroma frisch gebackenen Brotes wahr, welcher der Bäckerei entströmte. Das Wasser lief mir im Munde zusammen; Tränen netzten mein Gesicht. Würde denn dieser schreckliche Krieg nie zu Ende sein? In diesem Moment öffnete sich die Ladentüre und ich blickte in das verblüffte Gesicht des Bäckers und seiner Frau. Behutsam halfen sie mir auf die Beine und führten mich in ihren Laden. Die Wärme sowie der herrliche Duft der Backwaren überwältigten mich. Mein Magen krampfte

sich zusammen, vor meinen Augen begann sich alles zu drehen. Die Bäckersfrau führte mich zu einem Stuhl und begann, beruhigend auf mich einzureden. Ihr Mann überreichte mir ein noch warmes «panino»[58] und begann, einen braunen Papiersack mit frisch gebackenen Brötchen zu füllen. Als ich die Köstlichkeit mit Heisshunger verschlungen hatte, fühlte ich mich sogleich besser. Zu meiner Freude drückte mir die gutmütige Frau zusätzlich ein Säcklein mit Maismehl in die Hand. Nach herzlichem Abschied machte ich mich mit meiner kostbaren Fracht auf den Heimweg. Heilfroh, und auch ein wenig stolz, kam ich zu Hause an und präsentierte den Eltern meine «Beute». Die Freude wurde jedoch getrübt: Papa lag mit hohem Fieber im Bett. Zum Glück besassen wir einige schmerzstillende und fiebersenkende Chinintabletten. Da Mutter sich nicht traute, einen Arzt herbeizurufen, verabreichte sie Vater eine dieser Tabletten. Gegend Abend besuchte uns Zio Giovanni, um nach Papa zu sehen. Er überreichte dem Patienten eine grosse Tasse mit warmer Milch. Vater dankte ihm mit schwacher Stimme und erklärte, er würde die Milch gleich trinken.
Giovanni schaute ihn misstrauisch an und antwortete bestimmt: «Nein, Signor Filippo! Diese Milch werden Sie jetzt, auf der Stelle, trinken! Sie wird ihnen gut tun und den Husten lindern. Ich weiss, dass Sie, kaum hätte ich den Raum verlassen, die Milch Reginetta geben würden!» Schmunzelnd beobachtete ich, wie mein ertappter Vater die Milch widerstandslos trank. Erst als die Tasse bis auf den letzten Tropfen geleert war, nahm Giovanni das Gefäss an sich und verliess den Raum.
Von nun an brachte der gute Giovanni meinem Vater täglich eine Tasse Milch ans Bett. Nach einer Woche hatte Papa

58 Brötchen

sich so weit erholt, dass er das Bett verlassen konnte. Mit Erleichterung konnten wir feststellen, dass seine Kräfte langsam zurückkehrten. Als er eines Morgens, in die Zeitungslektüre vertieft, am Tische sass, wussten wir, dass Papa genesen war.

Weihnachten 1944 rückte näher, die Berge ringsherum präsentierten sich tief verschneit. Mutter, Luigi, Vico und ich begaben uns jeweils frühmorgens in die Wälder, um Holz für den Ofen in unserem Zimmer und den Kamin in Mariangelas Wohnküche zu sammeln. Nachmittags sponn Mutti mit Mariangela Wolle, ich half den beiden Knaben bei den Hausaufgaben. Papa hingegen wurde zum Chefkoch der Zimets. Waren es im Sommer und Herbst Feigen, Pilze und Waldbeeren, bildeten nun Kastanien die Basis der täglichen Mahlzeiten. Morgens, mittags und abends assen wir Kastanien. Papa spezialisierte sich auf das Kochen von Kastaniensuppe. Hauptzutat bildeten die getrockneten Kastanien des letzten Jahres, welche in einer grossen Holztruhe lagerten. Als schlussendlich nur noch ein kärglicher – mehr oder weniger angefaulter – Rest der gedörrten Nussfrüchte den Boden der Truhe bedeckte, bemerkte Papa, dass auch diese Kastanien besser seien als gar keine. Also landeten sie mit etwas Reis und ein paar Tropfen Milch im Suppentopf. Ich sah die Würmer, welche in der Brühe schwammen. Hunger, Verzweiflung und Ekel trieben mir Tränen in die Augen. Diese Tränen wirkten wie eine Lupe, welche die Würmer in Ungeheuer verwandelte. Es gelang mir nicht, auch nur einen Löffel dieser «Suppe» zu essen. Mein Vater – durch Hunger und die überstandene Grippe geschwächt und ob drückender Sorgen entnervt – begann, mich zu ohrfeigen. Seine ganze Angst und Verbitterung entluden sich. «Wir müssen essen, sonst sterben wir alle, verstehst du?», schrie er immer wieder. Trotz der klatschenden Ohrfeigen war es mir unmöglich, auch nur einen Tropfen dieser ekligen Brühe zu schlucken. Mama sass wie erstarrt am Tisch und verfolgte, mit vor Schrecken geweiteten Augen, Papas Wutausbruch. Mariangela Della Nave vernahm den Lärm, der aus unserem Zimmer ertönte und eilte mit ihrer Tochter Angiolina herbei. «Basta, Signor Filippo! Noch eine Ohrfeige, und ich werfe Sie aus meinem Haus! Beherrschen Sie sich und zwingen sie Regina nicht, die Suppe zu essen! Ich werde diese meinem Sohn Vico auftischen; er ist immer hungrig und isst alles.» Mutti hatte sich in der Zwischenzeit gefasst und redete besänftigend auf Vater ein.

Da tauchte Signora Mariangela mit einem Teller «minestrone» auf und teilte uns mit, dass Vico die Kastaniensuppe bereits gegessen habe und mir dafür seine Mahlzeit überlassen wolle. Dankbar löffelte ich die köstliche «minestrone» im Nu aus. Während Mariangela Della Nave meine Eltern beruhigte, begab ich mich auf die Terrasse, um mich wieder zu sammeln und etwas frische Luft zu schnappen. Papas heftige Reaktion hatte mich überrascht und schockiert. Ich hatte jedoch sofort verstanden, dass es die grossen Sorgen – welche er sich um meine Gesundheit machte – waren, die ihn zu dieser Kurzschlusshandlung hinreissen liessen. Es sollte das erste und einzige Mal bleiben, dass mein Vater seine Hand gegen mich erhoben hatte. Plötzlich riss mich ein metallisches Scheppern aus meinen Gedanken. Direkt unter mir, vor der Treppe zur Wohnküche, sah ich den kleinen Vico. Er schüttete «meine» Kastaniensuppe – welche er laut Mariangela angeblich gegessen haben sollte – in den Blechnapf der Katze. Micio schnupperte jedoch lediglich kurz an der Brühe und machte sich unverrichteter Dinge davon! Einmal mehr berührte mich die Nächstenliebe dieser Bauernfamilie bis ins Innerste; auch wenn mich gleichzeitig Gewissensbisse gegenüber dem um seine Mahlzeit betrogenen Vico befallen hatten! Ich nahm mir jedenfalls vor, mich bei erstbester Gelegenheit bei Vico zu revanchieren.

Gegen Abend betrat Zio Giovanni unser Zimmer und setzte sich zu meinem Vater: «Signor Filippo, so geht es nicht mehr weiter! Mit dem Wenigen, das Ihnen geblieben ist, können Sie nicht überleben. Sie werden immer schwächer und krankheitsanfälliger. Zudem ist an eine Flucht in die Schweiz immer noch nicht zu denken. Morgen werden Sie, Signor Filippo, mich nach Campovico begleiten um Don Luigi Del Nero um einen Kredit zu bitten.» Giovanni Della Nave unterbrach Vaters abwehrende Reaktion bereits im Ansatz und fuhr fort: «Nach dem Krieg werden Sie Gelegenheit haben, dem Pfarrer das Geld zurückzuerstatten.» Wie abgemacht begaben sich die beiden Männer auf Schleichpfaden, um die Hauptstrasse zu meiden, nach Campovico. Am Nachmittag kehrten Giovanni und Vater zurück. Don Luigi Del Nero hatte sich ohne zu zögern bereit erklärt, Papa den gewünschten Kredit zu gewähren! Diese Nachricht trug wesentlich dazu bei, dass wir etwas optimistischer in die Zukunft blicken durften.
Weihnachten stand vor der Tür. Ich verspürte das Bedürfnis, unsere Gastgeber – als kleines «Dankeschön» – mit einem besonderen Geschenk zu überraschen. Im Zentrum der Weihnachtszeremonie stand in San Bello nicht – wie bei uns in Leipzig – der Weihnachtsbaum, sondern «il presepio»,[59] die Krippenszene, welche die Geburt Jesu Christi im Stall zu Bethlehem darstellt. Für das Herstellen des Stalles, der Menschen- und Tierfiguren des «presepio» wurde viel Zeit und Geduld aufgewendet. Es gab ganz kleine «presepi», welche man bis zur nächsten Weihnachtsfeier in einer Schachtel versorgen konnte, oder dann dermassen grosse, dass sie den Platz eines ganzen Wohnzimmers einnahmen. In einigen Ortschaften wurde der «presepio» sogar mit lebenden Personen und Tieren nachgestellt.

59 Weihnachtskrippe, Krippenszene

Eines Tages bat ich Angiolina, mir aus Morbegno einen grossen Kartonbogen mitzubringen. Als sie mir diesen Wunsch erfüllt hatte, begann ich sogleich zu zeichnen. Als erstes skizzierte ich den Stall und die Heilige Familie. Dazu kamen Hirten, Tiere sowie die Landschaft. Nachdem ich die Figuren – so gut es mit den mir zur Verfügung stehenden Mitteln ging – ausgemalt hatte, begann ich die Konturen mit einer grossen Schere auszuschneiden. Da ich die Figuren an deren Basis nicht ausgeschnitten hatte, blieben sie mit dem Kartonbogen verbunden und liessen sich aufrecht stellen. So präsentierte sich die Krippenszene als dreidimensionales Werk. Zusätzlich gestaltete ich eine Strasse und einen Fluss. Die Strasse bedeckte ich mit Sand und kleinen Kieselsteinchen, die durch das Ausschneiden entstandenen Löcher im Karton wurden mit Moos und Holzstückchen kaschiert. Den im Mondlicht glitzernden Fluss versuchte ich mit Silberpapier darzustellen; sogar eine kleine Holzbrücke führte über das Gewässer. Das Dach des Stalles und die kleine Krippe, in welcher das Frischgeborene schlief, bedeckte ich mit Strohhalmen. Zu guter Letzt befestigte ich einen grossen, geschweiften Stern am First des Stalldaches. Damit dieser auch wirklich hell leuchten würde, stellte ich eine kleine Kerze hinter den Kometen. Am 24. Dezember – als sich Mariangela mit Giovanni und den beiden Knaben auf dem Weg in die Kirche befanden – half mir Angiolina, mein Kunstwerk in die Küche zu tragen. Danach begab sie sich ebenfalls zur Messe nach Campovico. Ich jedoch kontrollierte meinen «presepio» nochmals sorgfältig; schliesslich sollte sich doch wirklich alles an seinem Platz befinden!

Als die Kirchenglocken das Ende des Gottesdienstes ankündigten, rief ich meine Eltern in die Wohnküche und zündete die Kerze hinter dem Stern an. Wie staunten Mariangela, Giovanni und die Kinder, als sie auf dem Küchentisch die biblische Szene sahen! Gerührt betrachteten sie die Men-

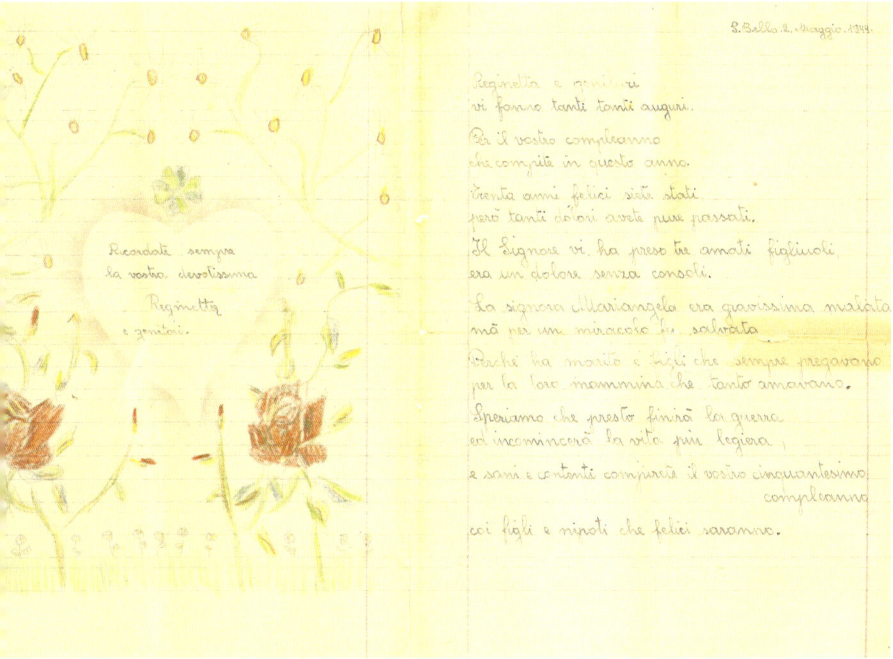
S. Bello 2. Maggio. 1944.

Reginetta e genitori
vi fanno tanti tanti auguri.
Per il vostro compleanno
che compite in questo anno.
Trenta anni felici siete stati
però tanti dolori avete pure passati.
Il Signore vi ha preso tre amati figliuoli
era un dolore senza consoli.
La signora Mariangela era gravissima malata
mā per un miracolo fu salvata
Perchè ha marito e figli che sempre pregavano
per la loro mammina che tanto amavano.
Speriamo che presto finirā la guerra
ed incomincerā la vita più legiera,
e sani e contenti compirete il vostro cinquantesimo compleanno
coi figli e nipoti che felici saranno.

Ricordate sempre
la vostra devotissima
Reginetta
e genitori.

Handschrift Regina Zimets zum dreissigsten Hochzeitstag des Ehepaars Della Nave.

Dokument: Familie Della Nave

schen- und Tierfiguren, welche sich um die Heilige Familie gruppiert hatten. Mein Werk brachte eine feierliche Stimmung in die schlichte Wohnküche. Der staunende Vico rief: «Es scheint wirklich der Stall in Bethlehem zu sein, in dem das Jesuskind geboren ist! Alle sind da: die Hirten, die Tiere, Josef, Maria und natürlich das Christuskind!» Zu seiner Mutter gewandt fuhr der jüngste der Familie fort: «Aber jetzt habe ich wirklich Hunger!» Es war tatsächlich so: Die beiden Knaben waren immer hungrig ... und ich verstand sie nur zu gut!
Am Weihnachtstag begleitete ich die Familie Della Nave nach Campovico, um dort in der grossen Kirche die Messe

zu besuchen. Es war sehr kalt, der Weg mit Schnee und Eis bedeckt. Ich genoss die Stille und den Fussmarsch entlang der schneebedeckten Bäume und Büsche. Während des feierlichen Gottesdienstes, der von Orgelklängen und Chorgesang umrahmt wurde, betete ich zu Gott, auf dass dieser schreckliche Krieg endlich ein Ende finden würde. Der Krieg endete zwar nicht an diesem Weihnachtstag; trotzdem erlebte ich, als ich nach dem Gottesdienst hungrig zu Hause ankam, ein kleines Wunder: Auf dem Tisch stand ein Teller mit einem grossen Stück Polenta sowie etlichen kleinen Schweinswürstchen in einer schmackhaften Sauce. Mama erklärte: «Signora Teresa, die Schwester Mariangelas und Mutter des verstorbenen Gino, hat deinen ‹presepio› gesehen. Sie hat sich darüber dermassen gefreut, dass sie uns die Polenta und dazu noch eine Tasche voll weiterer Lebensmittel nach San Bello gebracht hat!» Selbstverständlich teilten wir die Gaben mit der Familie Della Nave. Als ich Vico heimlich ein in Papier gewickeltes Schweinswürstchen zusteckte, schaute mich der Knabe verwundert an. «Für die Kastaniensuppe, Vico!», raunte ich ihm zu. Da erhellte ein verständnisvolles, dankbares Grinsen sein Lausbubengesicht.

Nach Weihnachten begann ich wieder, Porträts von Kindern und Erwachsenen anzufertigen. Graziella, ein Mädchen aus der Nachbarschaft, hatte die Idee, ihr Porträt der Lehrerin in Morbegno zu zeigen. Diese war von meiner Arbeit dermassen angetan, dass sie die kleine «Künstlerin» kennenlernen wollte. Die Lehrerin eröffnete Graziella, dass ich talentiert sei und man mich entsprechend fördern sollte. Ich war von dieser Absicht alles andere als begeistert. Aufmerksamkeit erregen war das Letzte, das ich anstrebte. Sofort machte ich einen Rückzieher. Graziella sollte ihrer Lehrerin ausrichten, dass ich mich in Folge der dauernden Luftangriffe fürchtete, nach Morbegno zu kommen. Zudem würden wir bald einmal San Bello verlassen, um in unsere

Heimat nach Kalabrien zurückzukehren. Ich drohte Graziella und den anderen Kindern, dass ich ihnen nicht mehr bei den Hausaufgaben helfen würde, wenn sie noch einmal eine meiner Zeichnungen der Lehrerin zeigen sollten. Diese Drohung wirkte! Sicherheitshalber teilte ich den Frauen des Dorfes – denen ich Glück spendende Heiligenbildchen gezeichnet hatte – mit, dass diese ihre Wirkung verlieren würden, wenn sie herumgezeigt würden. Am nächsten Morgen überbrachte mir Graziella verlegen lächelnd eine Papiertüte, welche sie mit Salz gefüllt hatte. «Gestern habe ich von eurer Suppe gekostet und gemerkt, dass sie sehr fade schmeckte. Deine Mutter erklärte mir, dass ihr ohne Salz auskommen müsstet. Da habe ich mich entschlossen, euch etwas davon mitzubringen.» Ganz offensichtlich hatte das Mädchen ein schlechtes Gewissen, weil sie ihrer Lehrerin von meinen «künstlerischen Fähigkeiten» berichtet hatte. Ich umarmte meine kleine Freundin, welche sich in der Folge erleichtert und frohen Herzens verabschiedete.

An Silvester begab ich mich mit Angiolina hinauf nach Roncaglia, um dort auf dem Friedhof einige Blumen auf Ginos Grab zu legen. Die Strasse sowie die Hausdächer waren schneebedeckt und glitzerten in der Sonne. Wir gönnten uns eine Pause und genossen das herrliche, atemberaubende Panorama. Das Heulen heranrasender Jagdflugzeuge, welche ihre beinahe täglichen Angriffe flogen, holte uns in die triste Wirklichkeit zurück. Der Lärm der Flugzeugmotoren, das Krachen der Bombeneinschläge sowie das Stakkato der Bordkanonen und Maschinengewehre bildeten einen seltsamen Kontrast zum Klang der Kirchenglocken, welche das Jahr 1944 ausklingen liessen. Der erste Tag des Jahres 1945 begann mit Bombardements und einem Grossangriff deutscher und faschistischer Truppenverbände gegen die Partisanen. Den ganzen Tag über waren aus den höher gelegenen Regionen Schüsse zu hören. Beinahe pausenlos bestrichen schwere Maschinengewehre aus ihren Stellungen im Tal die mutmasslichen Stützpunkte der Partisanen mit Feuerstössen. Erst gegen Abend, als die Kampfhandlungen abflauten, getrauten wir uns aus dem Hause.

Befreit

Die Zahl der Überläufer, welche sich den Partisanen anschlossen, vergrösserte sich von Tag zu Tag. Täglich marschierten kleinere und grössere Männergruppen, beladen mit Waffen aller Art, bergwärts. Die Deutschen begannen ihrerseits, Strafgefangene aus den regionalen Haftanstalten zu rekrutieren, um die schwindenden faschistischen Truppenbestände aufzustocken. Sie versorgten die Delinquenten mit Uniformen, Waffen, Zigaretten Wein und Geld, sodass sich diese «freiwillig» den faschistischen Milizverbänden anschlossen. Diese – militärisch kaum ausgebildeten – Banden jugendlicher Verbrecher begannen sogleich, die Bevölkerung zu terrorisieren. Die meisten Partisanen trugen als Erkennungszeichen ein rotes Halstuch. Die marodierenden Pseudo-Schwarzhemden begannen deshalb, auf unschuldige Menschen zu schiessen, nur weil diese rote Kleidungsstücke trugen. Niemand wagte sich mehr mit heller – geschweige denn mit roter Kleidung – auf die Strasse. Halbwüchsige und Jugendliche wurden von den brutalen Banditen grundlos zusammengeschlagen, junge Frauen gequält und vergewaltigt. So war der Januar 1945 geprägt von Terror, Gewalt und Sadismus. Am 26. Tag dieses Monats feierten wir Vaters Geburtstag. Da wir völlig mittellos waren, schenkte ich ihm ein von mir verfasstes, mit Zeichnungen verziertes, Gedicht. Diese Zeilen und die Tatsache, dass wir Papa in der Wohnküche der Familie Della Nave bei einem Gläschen Wein hochleben liessen, brachten doch noch etwas Licht in diesen sonst so tristen Januar.

Je stärker die Partisanen Oberhand gewannen, desto erbitterter wurde die Gegenwehr ihrer Gegner. Der Kontakt zur Familie Borsa war – infolge Lindas Intrigen – völlig abgebrochen. Demzufolge konnten wir auch nicht mehr auf Unterstützung in Form von Lebensmitteln und Kleidern hoffen. Inzwischen weigerten wir uns standhaft, Esswaren von unserer Gastfamilie anzunehmen: Deren Kuh hatte gekalbt; somit fiel «Picirillo» als Milchlieferantin aus. Auch die Schafe waren mit der Aufzucht ihrer Jungtiere beschäftigt. Zudem brachten wir es nicht übers Herz, Don Lugi Del Nero nochmals um einen Kredit zu bitten. Zita, die Verlobte Giuanìns und Angiolina anerboten sich, in das Val Brembana zu reisen, um dort Signora Zanchi sowie die Familie Boffelli um Hilfe zu bitten. Wir hatten diese warmherzigen Leute während unseres Aufenthalts in San Giovanni Bianco kennen und schätzen gelernt. Trotz unserer Einwände liessen sich die beiden Frauen nicht von ihrem Vorhaben abbringen und machten sich mit ihren Tragkörben auf die lange, beschwerliche Zugsreise. Bereits am übernächsten Tag waren Zita und Angiolina, beladen mit Lebensmitteln und Kleidern, zurück. All diese Kostbarkeiten hatte uns die Familie Boffelli gespendet; Frau Zanchi lag, zu unserem Bedauern, krank im Spital. Angiolina und Zita erzählten uns, dass sie von Herrn und Frau Boffelli herzlich empfangen worden seien und bei ihnen zu Hause essen und übernachten durften. Die Boffellis hätten sie aufgefordert, weitere Lebensmittel und Kleider abzuholen und nach San Bello zu bringen. Leider sollte das nicht mehr möglich sein. Die Strassen, welche in das Val Brembana führten, waren mit Kontrollposten besetzt und zum Teil sogar blockiert worden.

Die Familie Boffelli hatte uns jedoch nicht vergessen und fand andere Wege, uns zu unterstützen. Sie adressierte die Lebensmittel- und Kleiderpakete an Don Luigi Del Nero in Campovico. Auf ein beigelegtes Kärtchen schrieben sie: «Für die Bedürftigen Ihrer Gemeinde!» Der Pfarrer verstand sofort, wer damit gemeint war! Selbstverständlich teilten wir die Gaben, welche wir aus San Giovanni Bianco erhielten, ebenfalls mit unserer Gastfamilie. Die Della Naves nahmen die Lebensmittel dankbar an. Kleider wollten sie

jedoch nicht akzeptieren: «Nein, nein, meine Lieben! Behalten Sie diese Kleider für sich; diese sind für eine Bauernfamilie nun wirklich viel zu modern und nobel!», brummte der gute Giovanni im Namen seiner Familie.
Regelmässig informierten wir uns über das Radio sowie mit Hilfe der Zeitungsausschnitte über das Kriegsgeschehen. Ich aktualisierte auf meiner Europakarte ständig den Frontverlauf. Alliierte Truppen waren in die Poebene eingedrungen und drängten Deutsche und Faschisten immer weiter Richtung Norden. Seit einiger Zeit überflog ein grosses amerikanisches Transportflugzeug täglich unser Tal und warf Lebensmittel und Munition für die immer grösser und stärker werdenden Partisanenverbände ab. Die Situation eskalierte und war so spannungsgeladen, dass wir uns kaum mehr aus dem Zimmer getrauten. Immer seltener erreichten uns Pakete aus San Giovanni Bianco; schlussendlich blieben die Lieferungen ganz aus. Wir hatten beinahe vergessen, wie Zucker und Salz schmeckten. Um unser Essen wenigstens ein wenig zu würzen, brachte uns Angiolina aus Morbegno immer wieder etwas Salz mit, welches in der Konservenfabrik für das Haltbarmachen der Sardellen gebraucht wurde. Diese Salzresten hatten den penetranten Geruch von Öl und Fisch angenommen und schmeckten fürchterlich. Das Bedürfnis, Salz zu uns zu nehmen, war jedoch grösser als unser Widerwille. So würzten wir unsere Speisen regelmässig mit diesem speziellen «Fisch-Öl-Salz».
Eines Tages trommelte Angiolina heftig an unsere Tür und schrie: «Mein Vater ist von der Küchentreppe kopfüber auf das Strassenpflaster gefallen. Ich glaube, er ist tot!» Wir folgten Papa erschrocken auf die Gasse hinunter, wo Giuanìn neben seinem regungslos auf dem Boden liegenden Vater kauerte. Papa und Giuanìn trugen den Verletzten in die Wohnküche und legten ihn auf eine Wolldecke. Zio Giovanni, der aus einer tiefen Kopfwunde blutete, war krei-

debleich und hatte die Augen geschlossen. Ich begann lautlos zu beten: «Lieber Gott, rette unseren lieben Giovanni! Lass unseren Beschützer nicht sterben!» Mariangela säuberte die Wunde sorgfältig. Angiolina desinfizierte sie mit Branntwein, derweilen Mama dem Verletzten ein in Ammoniak getränktes Tüchlein unter die Nase hielt. Waren es meine Gebete oder die – allerdings eher rudimentäre – medizinische Betreuung? Wie auch immer: Giovanni begann sich zu regen, schlug die Augen auf und schaute etwas verwundert in die Runde. Mit schwacher Stimme bat er Mariangela um einen starken, schwarzen Kaffee mit viel Grappa. Bereits mit dem ersten Schluck kehrte die Farbe in seine bleichen Wangen zurück. Nach wenigen Tagen hatte sich der zähe Mann von seinem fürchterlichen Sturz fast vollständig erholt. Zurück blieben eine grosse Narbe – und sein trockener Humor. Als sich Vater eines Abends nach seinem Befinden erkundigte, genehmigte sich Zio Giovanni einen kräftigen Schluck Wein und grummelte: «Me go la crapa düra!»[60] Gott sei Dank, Giovanni Della Nave war wieder ganz der Alte!

Bedrohliches Brummen sowie das Vibrieren der Fensterscheiben rissen uns aus dem Schlaf. Wir stürzten erschrocken auf die Terrasse und gesellten uns zur Familie Della Nave. Unzählige Flugzeuge waren – von Süden her kommend – Richtung Norden unterwegs. Das unbeschreibliche Dröhnen der in immer neuen Wellen anbrandenden Geschwader liess das Haus in seinen Grundfesten erzittern. Unsere Vermutung, dass es sich um alliierte Flugzeuge handeln musste, welche nach Deutschland unterwegs waren, erwies sich als zutreffend: Gegen Morgen kehrte die Armada zurück, um kurze Zeit danach von neuen Bomberverbänden, welche Richtung Deutschland flogen, abgelöst

[60] Io ho la testa dura! Ich habe einen harten Kopf!

zu werden. Die Radiostationen meldeten, dass süddeutsche Städte, darunter vor allem München, schwer bombardiert worden seien. An der deutschen Grenze massierte sich die russische Armee; praktisch ganz Europa stand in Flammen. Die militärische sowie politische Lage liess uns hoffen, dass das baldige Kriegsende mehr als nur eine Illusion sein könnte. Und diese Hoffnung sollte sich noch am gleichen Tage verstärken. Mariangela rief uns gegen Abend aufgeregt auf die Terrasse: Im Garten vor Virginias Haus, unten in Bottà, waren deutlich zwei weisse Leintücher zu erkennen! Die Partisanen waren im Begriffe, ihre Stellungen in den Bergen zu verlassen, um das Tal zu besetzen!

Beinahe unbemerkt hatte der Frühling das Zepter übernommen. Die Luft wurde milder, die wiedererwachende Natur weckte auch in uns neuen Lebensmut und mobilisierte unsere letzten Kräfte. Am Tag vor Ostern begab ich mich nach Roncaglia, um die Kinder einer Bauernfamilie zu hüten. Auf dem Hinweg pflückte ich, wie immer, Blumen für Ginos Grab. Als ich mich am späteren Nachmittag auf den Heimweg machen wollte, begegnete ich ausgangs des Dorfes einer kleinen Prozession. Eine Frau sah mich am Wegrand stehen und rief: «Komm Reginetta, komm mit!» So reihte ich mich in die Prozession ein und betete laut das «Ave Maria» mit. Es dämmerte, als ich mich nach der Prozession von den Bekannten auf dem Dorfplatz verabschiedet hatte und die Strasse nach San Bello unter die Füsse nahm. Ein erschreckter Hase jagte im Zickzack dem Waldrand zu; flinke Fledermäuse verfolgten lautlos ihre Beute. Die zunehmende Dunkelheit und die unheimlichen Rufe eines Waldkauzes beschleunigten sowohl meine Schritte als auch meinen Herzschlag. Der Mond war aufgegangen; sein Licht intensivierte das Schattenspiel der Bäume und Sträucher; der Wald schien zum Leben erweckt und voller Geräusche. Ich begann zu laufen, meine Füsse flogen scheinbar schwerelos über den mit groben Kieselsteinen bedeckten Weg. Als ich schliesslich San Bello schwer atmend und schwitzend erreicht hatte, war es stockdunkel. Mama wartete in panischer Angst vor dem Haus auf ihre vermisste Tochter. Als Mutter mich erblickt hatte, lief sie mir, vor Erleichterung weinend, entgegen und umarmte mich. Sie war davon überzeugt gewesen, dass mich jemand entführt hätte. Auch ich hatte meine Furcht noch nicht ganz überwunden, tat aber alles, um Mutti zu beruhigen. Ich öffnete den Knoten in meiner Schürze und zeigte ihr die Kartoffeln, das Brot und den Käse: «Siehst du, auf diese Köstlichkeiten hätten wir verzichten müssen, wäre ich zu Hause geblieben!» Trotzdem musste ich ihr versprechen, bis auf weiteres das Dorf nicht mehr alleine zu verlassen.

Dieses Versprechen stellte sich jedoch als ziemlich überflüssig heraus. Wir wagten uns kaum noch aus dem Zimmer. Partisanenkommandos unternahmen beinahe pausenlos Angriffe auf feindliche Stellungen und Einrichtungen in Morbegno. Ihre in die Enge getriebenen Gegner beschossen alles, was ihnen verdächtig erschien. Vor allem SS-Verbände sowie die Milizionäre der Schwarzhemden leisteten den Partisanen erbitterten Widerstand. Hin und wieder wagte sich Teresa, Mariangelas Schwester, mit etwas Proviant von Ponte di Ganda hinauf nach San Bello. Unsere Situation wurde einmal mehr unerträglich. Immer wieder begab sich Vater frühmorgens hinter das Haus, um nach essbaren Blättern und Kräutern Ausschau zu halten. Nebst Löwenzahn-, Tomaten- und Brennesselblättern brachte er hin und wieder auch zwei, drei kleine, halbverfaulte Kartoffeln mit, welche in einem der Gemüsegärten übersehen worden waren. «Wer es sich leisten kann, diese Kartoffeln hier liegen zu lassen, wird den Verlust wohl verschmerzen können», meinte mein deprimierter Vater. Mit diesen gesammelten «Schätzen» versuchte Mutter, einen halbwegs geniessbaren Eintopf zu kochen. Bei Bedarf

unterstützte Papa die Bauern auch immer wieder bei deren Feld- und Gartenarbeit. Mit frischem Gemüse und Früchten konnte er zuweilen unsere Vorräte soweit aufstocken, dass wir – allerdings mehr schlecht denn recht – über die Runde kamen.
Täglich – genau mittags – kündete die Sirene das Transportflugzeug an, welches die Partisanen mit Nachschub versorgte. An diesem 11. April 1945 jedoch wurde das monotone Dröhnen des Flugzeugmotors vom Wummern einer Flugabwehrkanone übertönt. Auf der Terrasse stehend, beobachteten Angiolina und ich, wie das grosse Flugzeug, statt weiter Richtung Sondrio zu fliegen, abdrehte und über Morbegno eine enge Kurve flog. Aus einem der Motoren schossen Stichflammen; das havarierte Flugzeug schleppte eine schwarze Rauchfahne mit sich. Der Pilot zog die Maschine steil nach oben. Und schon sahen wir, wie sich drei, vier Gestalten vom Flugzeug lösten und ins Bodenlose stürzten. Zu unserer Erleichterung entfalteten sich die Fallschirme und bremsten so den freien Fall der Männer. In diesem Moment lenkte der Schreckensschrei Angiolinas meine Aufmerksamkeit von den Fallschirmen weg hin zum Flugzeug: Dieses schwebte, mit dem rechten Flügel beinahe die Bergflanke streifend, scheinbar im Zeitlupentempo geradewegs auf uns zu. Wie hypnotisiert starrte ich auf die Maschine, welche mit ohrenbetäubendem Lärm weiterhin Kurs auf San Bello hielt. Als sich der Schatten des einen Flügels praktisch genau über uns befand, klammerte ich mich an Angiolina und schloss die Augen. Ich war davon überzeugt, dass unser letztes Stündlein geschlagen hatte. Eine dumpfe Explosion erschütterte das Haus – dann kehrte Stille ein. Ich öffnete die Augen und konstatierte mit Verwunderung und unglaublicher Erleichterung, dass wir unverletzt geblieben waren. Das Flugzeug war verschwunden. Am Ufer der Adda, nicht weit unterhalb des Ponte di Ganda, sahen wir eine schwarze Rauchsäule in die Höhe

steigen. In Windeseile begaben Angiolina und ich uns talwärts, um uns ein Bild der Situation machen zu können. Zahlreiche Leute hatten sich an der Absturzstelle eingefunden. Wir standen – in sicherer Entfernung – auf der Strasse und blickten auf die Trümmer am Ufer der Adda hinunter. Weit herum verstreut lagen grössere und kleinere – zum Teil verkohlte – Flugzeugteile. Wehrmänner versuchten, die Neugierigen vom Ufer der Adda auf die Strasse zurückzudrängen. Zu unserer Erleichterung vernahmen wir, dass sich die Flugzeugbesatzung hatte retten können. Da die Männer sich jedoch auf Schweizer Territorium wähnten, sahen sie keinen Grund, sich zu verstecken. Innert kürzester Zeit wurden die Bedauernswerten von den Faschisten verhaftet und in der Kaserne Morbegnos inhaftiert. Die Amerikaner sollten jedoch nicht allzu lange im Kerker schmachten müssen: Bereits in der folgenden Nacht wurden sie von Partisanen befreit!
Das Veltlin musste weiterhin massive Luftangriffe erdulden. Die Alliierten hatten ihre Strategie jedoch geändert: Zum Auftakt warf ein kleines Flugzeug Rauchpetarden auf die Ziele ab. Nachfolgend zerstörten Jagdstaffeln die markierten Objekte. Die Eisenbahnlinie war unterbrochen, Partisanenverbände hatten die Deutschen und Faschisten im Tal eingekesselt. Je konfuser die Lage wurde, desto häufiger machten Gerüchte sowie abenteuerliche und kuriose Geschichten die Runde. Aus letzterer Kategorie stammte eine Begebenheit, welche uns Zio Giovanni erzählte. Ein Freund Giovannis war Barbier in Morbegno. Dessen Geschäft betrat kürzlich einer dieser blutjungen Burschen, welche die wie Schnee an der Sonne schmelzenden faschistischen Truppenbestände aufstocken sollten. Mit gockelhaftem Gehabe präsentierte sich der Milizionär in seiner abenteuerlich kombinierten «Uniform»: Hose aus Armeebeständen, schwarzer Pullover, schwarzes Beret. Im Lederhalfter trug er – für alle gut sichtbar – eine grosskalibrige

Pistole. Grusslos setzte sich der Lümmel und wartete, auf dass sich der alte Barbier an die Arbeit mache. Als dieser mit Schere und Kamm zu hantieren begonnen hatte, fragte ihn der arrogante Junge, ob er Partisanen gesehen habe. Da antwortete ihm der Alte: «Die Partisanen gehen nicht zum Barbier! Sie haben lange Haare und Bärte, feurige Augen und zerquetschen Leute wie dich wie lästige Mücken zwischen den Händen!» Da zog der Mann seine Pistole aus dem Halfter und entgegnete mit gespielter Lässigkeit: «Sollen sie kommen! Ich werde sie damit erschiessen!» «Mit dieser Pistole? Dass ich nicht lache!», erwiderte der Barbier. «Sogar Gewehrkugeln sind den Partisanen höchstens so lästig wie Insektenstiche; und du willst diese Männer mit deiner lächerlichen Pistole erschrecken!? Na denn, viel Glück!» Der «Krieger» verliess – teils wütend, teils verunsichert – den Laden, um in die Kaserne zurückzukehren. Anscheinend hatte er dort die Geschichte der bärtigen und unverwundbaren Partisanen weitererzählt. Jedenfalls erschienen noch am gleichen Tag zwei Offiziere im Laden des Barbiers und warfen diesem vor, Horrorgeschichten über die Partisanen erzählt zu haben. «Hören Sie auf, unsere Leute mit solchen Geschichten zu verunsichern! Die Burschen sind ja noch so jung!» Der Barbier zögerte einen Moment und antwortete, gespielt zerknirscht und mitleidsvoll: «Natürlich, Sie haben recht: Diese Lümmel sind ja noch sooo jung; zu jung für solche Gräuelmärchen. Andererseits: Fürs Sterben im Kampf gegen die Partisanen und Alliierten sind sie anscheinend doch alt genug!» Schliesslich brach der Barbier in ein bitteres Lachen aus und fuhr weiter: «Wenn solche Märchen eure ‹Krieger› zu verunsichern vermögen, dann Gnade euch Gott! Lasst diese Knaben zu Hause bei ihren Müttern! Rekrutiert stattdessen Männer!» Die beiden verblüfften Offiziere verharrten einen Moment lang ratlos und schweigend im Raum. Sie hatten es wahrscheinlich selber ziemlich satt, sich mit die-

Blick von San Bello auf Morbegno.

sem Haufen undisziplinierter Rekruten auseinandersetzen zu müssen und verliessen, ein paar deftige Flüche unterdrückend, den Laden des wackeren Figaros. Da die beiden Offiziere zum Glück nicht der SS angehörten, zeitigte der mutige – beinahe schon tollkühne – Auftritt des Barbiers keine Konsequenzen.

Mit dem Mute der Verzweiflung versuchten die Deutschen – mit Unterstützung der Faschisten – ein weiteres Mal, mit einer gross angelegten Razzia die Partisanen zu bekämpfen. Dieser völlig unerwartete Angriff im Morgengrauen überraschte auch die Bewohner San Bellos. Das ganze Dorf wimmelte von Bewaffneten – zumeist Einheiten der SS und Schwarzhemden – sodass sich kaum jemand getraute, auch nur einen Schritt vor die Tür zu setzen. Nachdem wir uns vom ersten Schreck erholt hatten, mussten wir feststellen, dass Papa verschwunden war. Mutter und ich waren verzweifelt. Nicht besser erging es der Familie Della Nave. Diese befand sich in einer beinahe aussichtslosen Situation: Giuanìn, welcher sich nach seiner Genesung wieder den Partisanen angeschlossen hatte, befand sich zu Hause auf Besuch. Dort war er nun von der Razzia überrascht worden und sah sich ausserstande, das Haus ungesehen zu verlassen. Wir hörten, wie die Bewaffneten mit ihren Gewehrkolben an die Türen hämmerten, um Einlass zu begehren. Haus um Haus wurde durchsucht. In atemloser Stille sassen Mariangela, Giovanni, Angiolina sowie die beiden Knaben am Tisch, währenddessen Giuanìn – durch die kleine Luke in der Schlafzimmerdecke – sein Versteck bezogen hatte. Von der engen Gasse her widerhallte das Poltern, Schreien und Fluchen der Männer. Luigi und Vico schauten sich kreidebleich an. Mariangela, Angiolina und Zio Giovanni warteten gesenkten Hauptes und mit zum Zerreissen angespannten Nerven auf das unvermeidliche Poltern an der eigenen Haustüre. Minuten vergingen, der Lärm verebbte, die Soldaten und Milizionäre entfernten sich Richtung Dorfplatz. Mit ungläubigem Staunen konstatierten die verängstigten Menschen in der Wohnküche sowie der Partisan in seinem Versteck, dass ihr Haus von der Razzia verschont geblieben war! Meine Besorgnis und diejenige meiner Mutter hielt jedoch an: Wo war Papa geblieben?

Erst gegen Abend, als sich die letzten Wehrmänner aus der Umgebung San Bellos zurückgezogen hatten, begannen wir, fieberhaft nach Vater zu suchen und zu rufen. Zutiefst beunruhigt durchstreiften wir eben den Garten hinter der «Käsekammer», als wir in der Nähe des Aborthäuschens einen grossen Jutesack gewahrten, welcher sich bewegte. «Fiskel! Papa! Signor Filippo!», riefen Mama, Mariangela,

Luigi und ich wie aus einem Munde. Nachdem sich Vater aus dem Sack befreit hatte, stand er – mit etwas verlorenem Lächeln – vor uns. «Da hat sich aber ein hübscher Schmetterling aus der Puppe befreit!», rief Mariangela nach der ersten Überraschung. Vor Erleichterung begannen wir herzhaft zu lachen, bis sich die ganze Anspannung dieses denkwürdigen Tages gelöst hatte. Am selben Abend erzählte uns ein sichtlich mitgenommener Giuanìn, dass immer mehr Faschisten – auch während militärischer Aktionen – die Fronten wechseln würden. Möglich, dass es einem dieser Überläufer zu verdanken war, dass das Wohnhaus der Familie Della Nave nicht durchsucht worden war. In diesem Moment entsann ich mich des Faschisten, welcher an zwei aufeinanderfolgenden Tagen nach Giuanìn, seinem Freund, gefragt hatte. Ob es wohl diesem Manne zuzuschreiben war, dass das Haus Della Nave nicht kontrolliert worden war? Wie auch immer: Es war das letzte Mal, dass es Faschisten und Deutsche wagten, die Talebene zu verlassen, um Jagd auf Partisanen zu machen.

Am Morgen des 25. April 1945 sassen Papa, Mama und ich niedergeschlagen in unserer kleinen Kammer. Es war deprimierend: Wir waren völlig mittellos, die Vorräte auf ein Minimum zusammengeschrumpft. Dazu war es – infolge der ständigen Feuergefechte – unmöglich, das Dorf zu verlassen. Plötzlich hörten wir das Poltern genagelter Schuhe auf der Holztreppe, welche in die «Käsekammer» führte. Papa huschte im Nu zur Hintertüre hinaus und versteckte sich hinter dem Aborthäuschen. Ich öffnete bangen Herzens. Einer der beiden Männer, die vor mir standen, fragte unvermittelt: «Sind Männer im Haus?» «Nur mein Onkel Giovanni. Er arbeitet zurzeit auf dem Feld.» Sie musterten kurz meine Mutter, welche in der Ecke sass und mit Spinnen beschäftigt war; dann verliessen sie wortlos unsere Kammer. Erleichtert schloss ich die Tür – um sie sofort wie-

der einen Spalt weit zu öffnen: Aus der Wohnküche Mariangelas waren die Stimmen mehrerer Männer sowie diejenige Giuanìns zu vernehmen! Vater, der unterdessen wieder bei uns im Zimmer war, flüsterte mit tonloser Stimme: «Sie haben Giuanìn verhaftet!» Auf Zehenspitzen verliess ich den Raum und begab mich auf die kleine Terrasse, welche sich unmittelbar über dem Eingang der Wohnküche befand. Aus der Küche drang Stimmengewirr, vom Dorfplatz her waren laute Rufe und Kommandos zu hören. Auf der kurvenreichen Strasse bewegte sich eine ununterbrochene Kolonne von Männern, Maultieren, Fuhrwerken, Motorrädern und Autos Richtung Morbegno zu. Ich hatte noch keinen vernünftigen Gedanken gefasst, als ich Angiolina auf der Türschwelle rufen hörte: «Ven gió, Reginetta, gò bisogn de te. Deghel anca al pa e ala mam: i mia de vèch pagüra ... ie rivaa i partigiagn a liberan»![61]
Ich rannte zu meinen Eltern; wir umarmten uns wortlos.
San Bello – und besonders das Haus der Familie Della Nave – wurden zum Hauptquartier der Partisanen. Schreibmaschinen und Funkgeräte wurden in der Wohnküche und auf der Terrasse aufgestellt. Das Dorf füllte sich mit Menschen; Partisanen deponierten Waffen aller Art auf der kleinen Piazza vor der Kirche. Überall wehten weisse Fahnen und Trikoloren. Zu guter Letzt flatterte auch auf dem Dach der Kaserne in Morbegno die grün-weiss-rote Flagge. Lachend und weinend umarmten sich die Menschen. Zio Giovanni stand mit dem Feldstecher in der Hand auf dem Dorfplatz. Freudentränen trübten seinen Blick. Verstohlen ergriff er die Schnupftabakdose. Mit einem kräftigen «Hatschiii» befreite er sich von seiner Verlegenheit und grum-

[61] Vieni giù, Reginetta, ho bisogno di te. Dillo anche al papà e alla mamma: non dovete aver paura ... sono arrivati i partigiani a liberarci! Komm runter, Reginetta, ich brauche dich! Sag es auch dem Vater und der Mutter: Ihr braucht keine Angst zu haben ... die Partisanen sind gekommen um uns zu befreien.

melte: «Me go fam; ndèm a mangià![62] Filippo, Rosalia und Reginetta, kommt! Heute essen wir alles, was im Vorratsschrank übrig geblieben ist; und morgen ... ist ein neuer Tag!»

Inzwischen war es dunkel geworden. Doch niemand dachte daran, sich zur Ruhe zu begeben. Aus vielen Häusern ertönten Gesang und Musik. Zu unseren Füssen erstrahlte Morbegno im Glanze unzähliger Lichter. Nach Jahren der Verdunkelung schien es mir, als würde sich der Sternenhimmel im Tal widerspiegeln. Immer wieder betraten Bekannte und Verwandte die Wohnküche, um auf die Befreiung anzustossen. Erst spät in der Nacht sanken wir müde, aber überglücklich in unsere Betten. Frieden!
Vater stand vor dem grossen Schulhaus in Morbegno, welches das Befreiungskomitee nun als sein Hauptquartier benutzte. Die Zeit war gekommen, unsere wahre Identität bekannt zu geben, um unser Dasein als Flüchtlinge beenden zu können. Dieses Unterfangen erwies sich jedoch alles andere als einfach. Der Wachmann vor dem schmiedeeisernen Tor wollte den ärmlich gekleideten Herrn nicht einlassen. «Sono ebreo!», rief Vater, in der Meinung, dass dieses «Ich bin Jude!» einer Eintrittskarte gleichkommen würde. Dem war jedoch nicht so: Das Tor blieb verschlossen. Da bat Vater den sturen Wächter eindringlich, dem Kommandanten auszurichten, dass ein «geretteter Jude» vor dem Tor warte. Sichtbar unmotiviert und behäbig begab sich der Mann Richtung Hauptgebäude. Und tatsächlich: Der herbeigerufene Kommandant – welcher sich in Begleitung einiger Offiziere und zivil gekleideter Obrigkeiten befand – bat meinen Vater in den Hof und fragte ihn sogleich, woher er denn gekommen sei. Papa zeigte Richtung San Bello und

[62] Io ho fame; andiamo a mangiare! Ich habe Hunger; gehen wir essen!

erklärte: «Eine Bauernfamilie hat meiner Frau, meiner Tochter und mir sechzehn Monate lang Unterschlupf gewährt.» Vater berichtete den Anwesenden in wenigen Worten von unserem Aufenthalt in San Bello. Der Kommandant und seine Begleiter hörten aufmerksam – und zunehmend bewegt – zu. «Wie ist es möglich, dass Sie sich über so lange Zeit versteckt halten konnten; und dies mitten im Kreuzfeuer von Faschisten, Deutschen und Partisanen?! Wie in aller Welt ist es Ihnen gelungen, die zahlreichen Razzien zu überstehen? Es ist wirklich ein Wunder!»
Die Männer hatten sich in das Büro des Kommandanten begeben. Dort nahm der Kommandant seine Offiziere zur Seite und unterhielt sich leise mit ihnen. Danach fragte er Papa, ob wir Geld und Lebensmittel besässen. Vater antwortete, dass wir seit längerer Zeit ohne Geld und praktisch ohne Lebensmittel in San Bello ausharren müssten. Unter den Zuhörern befand sich der Apotheker Dario Ambrosetti. Er gehörte ebenfalls dem Befreiungskomitee an. Signor Ambrosetti bat meinen Vater, ihn ins Zentrum Morbegnos zu begleiten.
In der Apotheke angekommen, wurde Papa von Herrn Ambrosettis Schwester Mariuccia mit Kaffee und Biskuits verwöhnt. Bei jedem Schluck und jedem Bissen dachte Vater jedoch an seine Lieben in San Bello, welche ohne diese Köstlichkeiten auskommen mussten. Signor Ambrosetti schien Vaters Gedanken erraten zu haben. Lächelnd bat er Papa, ihm in den Keller des Hauses zu folgen. Dort angekommen, traute Vater seinen Augen kaum: Der riesige Raum war zum Bersten mit Lebensmitteln, Decken, Kleidern und verschiedensten Ausrüstungsgegenständen voll gestopft. Die beiden Männer befanden sich im geheim gehaltenen Hauptmagazin der Partisanen! Dario Ambrosetti legte die Hand auf Papas Arm und sagte: «Signor Filippo, bedienen Sie sich; nehmen Sie, was Sie brauchen!» Doch Vater rührte sich nicht. Mit offenem Munde bestaunte er

die riesigen Gestelle und Schränke mit all den Kostbarkeiten und dachte an die knurrenden Mägen seiner Lieben in San Bello. Was nützten ihm diese Schätze? Es fehlten die Mittel, um auch nur ein einziges Brötchen zu kaufen! Signor Ambrosetti erkannte sofort, dass es meinem Vater peinlich war, um Almosen bitten zu müssen. Kurz entschlossen füllte er zwei grosse Taschen mit Lebensmitteln, drückte Vater zusätzlich einige Geldscheine in die Hand und meinte beschwichtigend: «Keine Angst, Signor Filippo, das sind weder meine Lebensmittel noch meine Geldscheine. Vielmehr gehören sämtliche Güter den Partisanen. Jetzt, da der Krieg zu Ende ist, wird das Befreiungskomitee dieses Lager auflösen und damit den Bedürftigen helfen. Tragen Sie soviel Sie nur können nach San Bello; und wenn Sie weitere Wünsche haben, teilen Sie mir diese mit. Es ist alles im Überfluss vorhanden!» Papa druckste einen Moment lang herum und antwortete schliesslich leise und beschämt: «Wenn Sie mir ein Handtuch leihen könnten ...?»
Bevor er sich – schwer bepackt – von Mariuccia und Dario Ambrosetti verabschiedete, bestand Vater darauf, eine Quittung für das erhaltene Geld auszustellen. Papa musste den Ambrosettis versprechen, ihnen vor der Abreise seine Tochter und seine Frau vorzustellen. Jahre später, als wir uns auf Besuch in San Bello befanden und einen Abstecher nach Morbegno zu Mariuccia und Dario Ambrosetti machten, fragte dieser augenzwinkernd: «Na, Signor Filippo, ein Handtuch gefällig?»

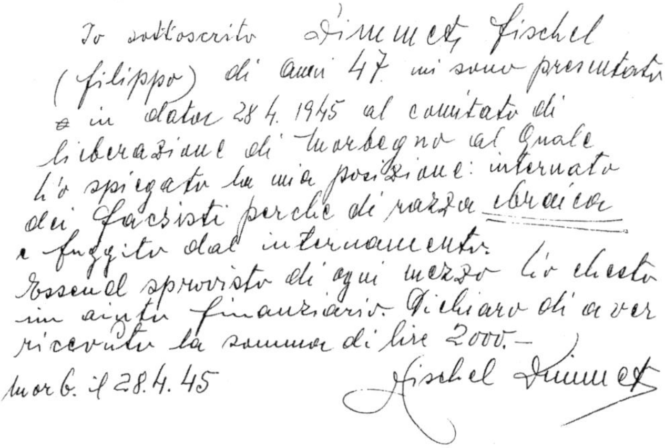

Io sottoscritto Zimet Fischel (filippo) di anni 47 mi sono presentato in data 28.4 1945 al comitato di liberazione di Morbegno al quale ho spiegato la mia posizione: internato dei fascisti perché di razza ebraica e fuggito dall'internamento.
Essendo sprovvisto di ogni mezzo ho chiesto un aiuto finanziario. Dichiaro di aver ricevuto la somma di lire 2000.
Morb. Il 28.4.45

Quittung für ein Darlehen von 2000 Lire.

Dokument: Familie Della Nave

Sinngemässe Übersetzung:
Ich, der Unterzeichner, Zimet Fischel (Filippo), 47 Jahre alt, habe mich am 28.4.1945 beim Befreiungskomitee von Morbegno eingefunden und meine Situation geschildert: von den Faschisten interniert, weil jüdischer Rasse, und aus der Internierung geflüchtet.
Da mir jegliche Mittel fehlen, habe ich um finanzielle Hilfe gebeten. Ich bestätige, die Summe von Lire 2000 erhalten zu haben.
Morbegno, den 28.4.45

Abschied

Obwohl der Krieg zu Ende war, mussten wir weiterhin tatenlos in San Bello ausharren. Deutsche und Faschisten suchten ihr Heil in der Flucht und wurden von den Partisanen immer wieder in Scharmützel verwickelt. Aus allen Richtungen war das Peitschen von Gewehrschüsse und das Rattern automatischer Waffen zu hören. Obwohl die Lage alles andere als ungefährlich war, begab ich mich eines Morgens mit Angiolina nach Morbegno, um einzukaufen.

Als wir vom Bahnhof herkommend dem Stadtzentrum zustrebten, gewahrten wir vor dem Schulhaus einen Menschenauflauf. Neugierig traten wir ebenfalls vor das grosse Eingangstor und wurden so Zeugen eines Schnellgerichtsverfahrens. Ein schlanker Mann in schwarzem Pullover und schwarzem Beret stand mit gefesselten Händen auf dem Vorplatz. Der Partisanenkommandant verlas die formelle Anklageschrift. Schon trat ein bärtiger – mit einer Maschinenpistole bewaffneter – Partisan auf den Gefangenen zu und führte diesen an die Mauer des Schulhauses. Der Todgeweihte schloss die Augen und schrie: «Viva il Duce!»[63] Einen Atemzug später beendete ein Feuerstoss sein kurzes Leben.

Ich starrte wie hypnotisiert auf den im Staube liegenden Toten, welcher noch bis vor wenigen Tagen Angst und Schrecken unter der Bevölkerung verbreitet hatte. Aber jetzt, da er wie eine leblose Puppe am Boden lag, empfand ich eher Mitleid denn Genugtuung. Angiolinas Stimme riss mich aus meiner Erstarrung: «Komm, Reginetta, gehen wir nach Hause. Das da ist nichts für dich!» Als wir den Ponte di Ganda, überschritten, nahm ich Angiolina bei der Hand, blieb stehen und sprach, wehmütig und glücklich zugleich:

63 Als Führer der faschistischen Bewegung bzw. des faschistischen Regimes führte Mussolini den Titel «Duce del Fascismo».

Schulhaus von Morbegno, damals militärische Kommandozentrale.

«Angiolina, ich bin nicht mehr die Reginetta aus Kalabrien; von nun an bin ich wieder Regina; Regina Zimet aus Leipzig!»

Tags darauf ging ich mit meiner Mutter und meinem Vater nach Morbegno, um dem Apotheker und seiner Schwester für deren Hilfe zu danken. Als sie hörten, dass wir nach Serina reisen wollten, um unsere restlichen Habseligkeiten abzuholen, überreichten uns Mariuccia und Dario Ambrosetti zweitausend Lire und einen Sack voller Lebensmittel. Signor Ambrosetti tippte meinem Vater auf die Schulter und mahnte lächelnd: «Dieses Mal aber bitte keine Quittung, lieber Signor Filippo! Sie werden mir das Geld bei Gelegenheit nach dem Krieg zurückerstatten.»
Bevor wir nach San Bello zurückkehrten, besorgten wir uns am Bahnhof vier Billette. Giovanni hatte sich bereit erklärt, uns nach Serina zu begleiten. Allerdings war es mehr als fraglich, ob der Zug auch wirklich fahrplanmässig verkehren würde.
Nachdem wir uns in Campovico auch noch von Don Luigi Del Nero verabschiedet hatten, erreichten wir endlich San Bello. Dort begannen wir, von allen Bekannten Abschied zu nehmen. Die meisten hatten weder gewusst noch geahnt, dass wir Juden waren. Dies tat ihrer freundschaftlichen Beziehung uns gegenüber keinen Abbruch. Mit den Worten «Ihr seid gute, ehrliche Leute; ihr seid wie wir Christen!», sprach ein altes Weiblein das aus, was wohl die meisten dachten. Wir unterdrückten ein amüsiertes Lächeln und bedankten uns für diese wohlwollenden Worte.
Die Sonne färbte den Himmel über dem Comersee purpurrot. Der letzte Abend in San Bello war angebrochen. Bis spät in die Nacht hinein sass ich mit Angiolina auf der Terrasse. In der Wohnküche war das Stimmengewirr der Erwachsenen zu hören. Immer wieder öffnete sich die Flügeltüre, welche auf die Terrasse führte: «Arrivederci Reginetta; buona fortuna!»[64] Schlussendlich wurde es Zeit, sich zur Ruhe

64 Auf Wiedersehen, Reginetta; viel Glück!

zu begeben. Angiolina und mir gelang es nicht mehr, die Tränen zurückzuhalten. Waren es Freudentränen, weil der Krieg endlich vorbei war? Oder waren es Tränen des Kummers angesichts des unmittelbar bevorstehenden Abschieds? Zwar wussten wir nicht, was uns die Zukunft bringen würde; beide trugen wir jedoch die Hoffnung auf bessere Zeiten in unseren Herzen.

Am nächsten Morgen begaben wir uns in Begleitung von Giovanni Della Nave zum Bahnhof von Morbegno. Auf der schnurgeraden Strasse, welche von Ponte di Ganda zum Bahnhof führte, drehten wir uns immer wieder um und erwiderten die Abschiedsrufe, welche uns die winkenden und Tücher schwenkenden Bekannten von San Bello aus ins Tal hinunter schickten. Meine Augen brannten. Wie durch einen Schleier blickte ich zum vertrauten, weissen Kirchlein hinauf, welches – wie die Häuser des kleinen Dorfes – am Berghang klebte.

Nach langem Warten fuhr der Zug endlich im Bahnhof von Morbegno ein. Das schwere Maschinengewehr, welches auf der Plattform eines Wagens vor der Lokomotive montiert war, kündete davon, dass sich die Lage noch nicht überall beruhigt hatte. Obwohl sich die Nachricht der Festnahme und anschliessenden Hinrichtung Mussolinis in Windeseile verbreitet hatte, leisteten versprengte faschistische und deutsche Einheiten immer noch Widerstand. An den Zugfenstern zeigten sich die bärtigen und abgezehrten Gesichter italienischer Soldaten, welche aus deutscher Gefangenschaft zurückkehrten. Während wir zur Seite traten, um die Reisenden aussteigen zu lassen, entdeckten wir neben der Waggontüre eine Tafel mit der Aufschrift «È vietato l'ingresso ai civili[65]». Ratlos schauten sich Zio Giuseppe, Vater und Mutter an. In diesem Moment wurde

65 Zutritt für Zivilisten untersagt

ich von hinten gepackt und in die Luft gehoben: «Regina, Rosalia, Filippo, Signor Giovanni!» Freudig überrascht blickten wir in das magere, unrasierte Antlitz Don Angelo Milanis, des Pfarrers aus Albaredo! Nachdem dieser meine Mutter und meinen Vater umarmt und Zio Giovanni begrüsst hatte, erfuhren wir, dass der «Pfarrer der Partisanen» kürzlich von Faschisten verhaftet und nach Como ins Gefängnis gebracht worden war. Nur das Kriegsende verhinderte dessen Deportation in ein deutsches Konzentrationslager.
Don Milani ergriff zwei unserer Koffer und half uns – ohne die Hinweistafel zu beachten – in ein leeres Abteil. Nachdem er sich von uns verabschiedet hatte, rief er augenzwinkernd: «Denken Sie daran: Gehen Sie immer vorwärts, nie zurück! Gute Reise und viel Glück!» Obwohl das Abteil leer war, hatte ich Angst davor, als «Zivilistin» aus dem Zuge geworfen zu werden. Auch Mutter, Vater und Giovanni befürchteten, bei einer allfälligen Kontrolle den Wagen verlassen zu müssen. Langsam setzte sich die Zugskomposition in Bewegung.
Wir näherten uns eben Colico, als die Türe unseres Abteils plötzlich ruckartig aufgerissen wurde. Der Bahnbeamte blieb wie angewurzelt stehen und musterte uns mit ungläubigem Staunen. Da schnellte Vater wie eine Feder in die Höhe und sprach mit fester Stimme: »Buongiorno! Wir sind keine Zivilisten, sondern Juden, welche um ihr Leben kämpfen mussten.» Indem er auf Giovanni zeigte, fuhr Vater unbeirrt fort: «Dieser Mann heisst Giovanni Della Nave. Er hat uns in seinem Hause aufgenommen und damit unser Leben gerettet. Sein Sohn kämpfte als Partisan für die Freiheit Italiens.» Der Beamte war dermassen überrascht und beeindruckt, dass er uns militärisch grüsste. Kurz entschlossen nahm er Papier und Bleistift zur Hand, schrieb in grossen Buchstaben «OCCUPATO» auf einen Zettel und befestigte diesen an der Türe unseres Abteils.

Der Bahnhof von Morbegno.

Nachdem der Mann uns viel Glück gewünscht hatte, setzte er seinen Kontrollgang fort.
Der Zug fuhr äusserst langsam und legte bei jeder Station einen Zwischenhalt ein, um die ortsansässigen Passagiere aussteigen zu lassen. Immer wieder waren Salutschüsse zu hören. An jedem Bahnhof warteten Angehörige und Bekannte in der bangen Hoffnung, ihre Söhne, Väter, Ehemänner oder Freunde in die Arme schliessen zu können. Immer wieder wurden uns sowie auch den anderen Reisenden von wildfremden Leuten Brot, Käse, Salami und Wasserflaschen durch das Fenster gereicht. In Lecco angekommen, händigte man uns noch auf dem Bahnsteig Bezugsscheine für Lebensmittel aus. Ein älteres Ehepaar führte uns zu einem Restaurant, in welchem wir von der

freundlichen und zuvorkommenden «padrona[66]» fürstlich bewirtet wurden. Zio Giovanni fühlte sich sichtlich wohl und genoss die Leckerbissen sowie den köstlich mundenden Wein. Wir hingegen fühlten uns ausserstande, nach der langen Zeit der Entbehrungen und des Hungers mehr als einige Bissen zu uns zu nehmen. Unsere Mägen, welche sich in den letzten Monaten kaum einmal auch nur einigermassen füllen konnten, verschlossen sich buchstäblich den Leckereien auf der Tafel. Somit begnügten wir uns vor allem damit, die Köstlichkeiten mit den Augen zu geniessen. Die resolute Wirtin weigerte sich anschliessend entschieden, Geld anzunehmen. Unsere Einwände tat sie mit einer unmissverständlichen Handbewegung ab: «Es ist für mich Ehrensache, eine jüdische Familie, welche das Grauen des Krieges überlebt hat, zu beherbergen! Ich bitte lediglich um einen Eintrag ins Gästebuch.»

Mit grosser Verspätung erreichten wir Bergamo. Die Ausgangssperre zwang uns, im Bahnhof in einem alten, abgestellten Waggon zu übernachten. Gegen Morgen heulten plötzlich die Sirenen. Kurz darauf liessen die Salven der Flugabwehrgeschütze die Scheiben des Waggons vibrieren. «Mein Gott!», dachte ich zitternd. «Hört denn dieser Krieg niemals auf?»

Frühmorgens verliessen Vater und Giovanni den Wagen, um sich bezüglich der Verbindungen Richtung Val Brembana zu informieren. Mutter packte unsere Siebensachen zusammen; ich betrat den Bahnsteig, um mir etwas Bewegung zu verschaffen. Als ich gedankenverloren den Perron hinunter schritt, stiess ich beinahe mit einem Mann zusammen. Ich schaute auf und starrte mein Gegenüber mit offenem Munde an. «Reginetta!», kam mir Vittorio Borsa zuvor und schloss mich in die Arme.

66 Wirtin (Herrin)

Auf dem Weg zur Wohnung der Familie Borsa im Zentrum Bergamos erfuhren wir, dass Don Angelo Milani unseren Freund telefonisch hinsichtlich unserer Reisepläne informiert hatte. Das Wiedersehen mit Frau Borsa fiel zu unserem Leidwesen äusserst kühl aus. Giovanni Della Nave konstatierte dies sofort und machte das einzig Richtige: Kaum hatten wir uns gesetzt, begann er zu sprechen. Giovanni erzählte, mit welcher Arglist Signorina Linda uns hinters Licht geführt hatte. Je länger Giovanni referierte, desto feuriger wurden seine Ausführungen. Die Borsas erfuhren mit ungläubigem Staunen, wie perfid Linda unsere beiden Familien gegeneinander ausgespielt hatte. Nachdem alle Missverständnisse ausgeräumt waren, weigerten sich Herr und Frau Borsa, uns gleichentags weiterreisen zu lassen. Es galt, unsere «bereinigte» Freundschaft an reich gedeckter Tafel zu feiern. Zudem gab es noch so viel zu erzählen! Die Zeit verging wie im Fluge. Schlussendlich sanken wir todmüde, jedoch glücklich in die herrlich weichen Betten.
Während des Frühstücks hörten wir draussen auf der Strasse Musik, Gesang und das Plärren eines Lautsprechers. Als Signor Borsa das Fenster öffnete, sahen wir unten auf der Strasse eine Menschenmenge, welche unaufhörlich «Pace! Pace! Viva l'Italia libera!»[67] skandierte. Lastwagen und Jeeps mit alliierten Soldaten bahnten sich mühsam einen Weg durch die Menge. Als ich die strahlenden Gesichter meiner Eltern und die feiernde Menge unten auf der Strasse betrachtete, wagte ich endlich, daran zu glauben, dass der Krieg tatsächlich zu Ende war.

Nachmittags verabschiedeten wir uns von unseren Freunden. Per Zug gelangten wir bis Ambria und danach mit dem Autobus bis Serina. Wie ein Lauffeuer verbreitete sich

67 Frieden! Frieden! Es lebe das freie Italien!

die Nachricht unserer Rückkehr. Auf der Piazza ertönte Musik; die Leute feierten ausgelassen das Kriegsende – und auch unsere Rückkehr! Wir wurden unaufhörlich umarmt, geküsst und befragt. Viele wollten uns zu sich nach Hause einladen, um mehr über unsere Odyssee zu erfahren. Zio Giovanni, der den Einheimischen als unser Retter vorgestellt wurde, fühlte sich ebenfalls glücklich und sichtlich gerührt.

Am übernächsten Tag begleiteten wir Giovanni auf den Bahnhof von Ambria. Es kostete einige Anstrengung, die Lebensmittel- und Kleiderpakete, welche ihm mitgegeben worden waren, vom Auto in den Zug umzuladen. Nachdem wir uns schweren Herzens von Giovanni Della Nave verabschiedet hatten, nahm ihn Vater diskret zur Seite und zückte seinen Geldbeutel. «Gestatten Sie mir, wenigstens einen Teil unserer Schuld zu begleichen! Ich weiss, dass dies mit Geld nur symbolisch geschehen kann.» Zio Giovanni sah Papa eindringlich an: «Nein, Signor Filippo, wir sind Brüder; einem Bruder schuldet man kein Geld! Gerne nehme ich diese Lebensmittel und Kleider entgegen. Wir sind arme Leute und für diese Gaben dankbar.» Mit einem langen, innigen Händedruck verabschiedete sich Papa wortlos von Giovanni und verliess rasch den Waggon. Ruckartig setzte sich der Zug in Bewegung. Ein letztes Winken – verloren standen wir auf dem Bahnsteig und schauten wehmütig dem entschwindenden Zuge nach.

Bereits am nächsten Morgen reiste mein Vater nach Mailand, um dort mit Hilfe der israelitischen Gemeinschaft die Überfahrt nach Palästina zu organisieren. Wir hatten vor geraumer Zeit beschlossen, dort eine neue Existenz aufzubauen.

Regina Zimet, welche im Gegensatz zu Anne Frank den Krieg überlebte, emigrierte mit ihren Eltern nach Palästina (Israel). Regelmässig besuchten die Zimets – bis zu ihrem Tode – die Familie Della Nave im Dörfchen San Bello.

Regina Zimet, 1950, im Dienste der israelischen Landesverteidigung.
Foto: Familie Della Nave

Epilog

August 2003

Ferientage im Elternhaus meiner Mutter in Valle di Morbegno. Entspanntes Blättern in einem achtlos ausgewählten Büchlein mit dem Titel «Al di là del ponte». Plötzlich erwecken Fotos in der Buchmitte mein Interesse: die Kirche des Nachbardorfes Albaredo, eine alte Steinbrücke, das Veltlin bei Morbegno. Schon hat mich die Geschichte der Regina Zimet und ihrer Familie in Bann geschlagen. Erst als die letzte Seite gelesen ist, lege ich das Buch aus der Hand. «Ich möchte mehr erfahren über die Familien Zimet und Della Nave! Ich möchte das – anscheinend wenige Kilometer von uns entfernte – Dörfchen San Bello, wo sich die Zimets im Hause der Familie Della Nave versteckt hielten, besuchen!» Dies sind meine letzten Gedanken, bevor ich die Nachttischlampe lösche.

Am nächsten Vormittag lenke ich, in Begleitung meiner Frau, das Auto talwärts Richtung Morbegno. Bereits nach zwanzig Minuten rollen wir vorsichtig über die enge, alte Steinbrücke, welche den Fluss Adda in kühnem Bogen überspannt und das Städtchen Morbegno mit den wenigen Häusern der Fraktion Ponte di Ganda verbindet. Nachdem wir den «Ponte di Ganda» ohne Kratzer glücklich überquert haben, erreichen wir schlussendlich die breite Hauptstrasse, welcher wir in kurvenreicher Fahrt folgen. Hätten wir nach ungefähr zwei Kilometern Fahrt die Hinweistafel übersehen, das winzige Dorf zu unserer Rechten wäre wahrscheinlich unentdeckt geblieben. So aber parkieren wir das Auto am Strassenrand und folgen der schmalen ehemaligen «Hauptstrasse», die sanft nach unten führt und schlussendlich, nach etwa 200 Metern, im Dörfchen San Bello endet. Der Ort scheint ausgestorben. Hühnergegacker verrät jedoch, dass dem nicht so ist. Mit Hilfe der im Buch «Al di là del Ponte» abgedruckten Fotos versuchen

wir, das Wohnhaus der Familie Della Nave ausfindig zu machen. Plötzlich, inmitten eines Gässchens, deckt sich die Fotoansicht mit der Realität: uralte Häuserfassaden, steile Treppen, ein winziger Balkon, ein Holzbänkchen. Unsicher und auch etwas befangen treten wir näher. Ein kurzes Klopfen; schon öffnet sich die Pforte des grossen Hauses. Vor uns steht eine betagte Dame. «Bun dì»,[68] begrüsst sie uns freundlich. Mit einem erfreuten «Buongiorno, Signora Angela!» reiche ich ihr die Hand. «Sie kennen mich?», fragt Angela Della Nave perplex. «Wer sind Sie denn?» Ich stelle uns kurz vor und zeige ihr das Buch «Al di là del ponte». Indem ich darin auf die Fotografie der Familie Della Nave zeige, auf welcher auch die damals zwanzigjährige Tochter Angela abgebildet ist, erkläre ich: «Wissen Sie nun, Signora Angela, weshalb ich Sie erkannt habe? Sie haben sich nur unwesentlich verändert!» Laut lachend und mir mit erhobenem Zeigefinger scherzhaft drohend, bittet sie uns in ihre Wohnküche. Am grossen Tisch sitzend unterhalten wir uns mit Signora Angela. Wie staunt die 82-jährige «Angiolina» Della Nave, als sie den Grund unseres Besuches erfährt! Sie lässt sich nicht davon abbringen, ihren Bruder Luigi Della Nave in Morbegno anzurufen, um diesen nach San Bello zu beordern. Erfreut teilt sie ihm mit, dass die «Svizzeri» das Buch von «Reginetta» gelesen hätten.
Einen feinen Espresso später sitzt uns Luigi Della Nave gegenüber. Aus dem 11-jährigen Spielgefährten Reginas ist ein rüstiger, älterer Mann geworden. Als er unser Interesse bemerkt, taut der zurückhaltende, ruhige Herr auf.

68 Buongiorno (örtlicher Dialekt)

Signor Luigi geht voraus. Er zeigt uns die «Katakombe» unter der Kirche, wo sich sein Bruder Giovanni mit Reginas Vater Filippo und dem befreundeten Partisanen versteckt hielt. Danach geht's hinauf in die kleine «Käsekammer», in welcher die Familie Zimet für 16 lange Monate Zuflucht gefunden hatte. Angela und Luigi Della Nave erklären und erzählen, wir lauschen und schauen gebannt. Nach dem «Rundgang» begeben wir uns wieder in die Wohnküche. Während uns Signor Luigi mit den Worten «Trinken Sie diesen Alpenbitter; er wird Ihnen gut tun!» einen «Braulio» vorsetzt, schwirren mir tausend Gedanken durch den Kopf. Dies ist also San Bello, das winzige Dörflein, wo das Schicksal die Familien Zimet und Della Nave zusammengeführt hatte! In dieser Wohnküche sowie der kleinen «Käsekammer» hatten die Familienmitglieder ihre Sorgen, Ängste und Freuden geteilt. Im unglaublich kleinen Stall und der trostlosen, finsteren «Gruft» unter der Kirche hatten die verängstigten Menschen Zuflucht gefunden.
Signora Angelas Worte unterbrechen meine Gedanken: «Wissen Sie», erklärt sie mit einem fast entschuldigenden Lächeln, «hier hat sich seit jener Zeit weder im Hause noch im Dorf viel verändert.» Luigi präzisiert: «Allerdings muss meine Schwester heute die Wohnküche nicht mehr mit Holz beheizen; zudem», Luigi zeigt auf den Fernseher, «kann sie die Nachrichten seit einigen Jahren auch noch sehen, nicht nur hören.» Grinsend ergänze ich: «Und das WC-Häuschen im Garten wird inzwischen sicher auch einen zeitgemässen Ersatz gefunden haben!» Luigi und Angela lachen schallend. «Da haben Sie allerdings Recht, Signor Marco! Wenn Sie die alte ‹Einrichtung› jedoch testen möchten, nur zu! Das ‹Häuschen› ist nicht abgeschlossen», entgegnet Luigi Della Nave trocken. Ihren Bruder mit einem scherzhaften Klaps auf den Arm bestrafend, meint Signora Angela: «Wahrscheinlich ziehen Sie der Einladung meines Bruders lieber ein zweites Gläschen ‹Brau-

Angela (Angiolina) und Luigi Della Nave in der Wohnküche in San Bello.

lio› vor; nicht wahr?» Mit verschwörerischem Lächeln schiebe ich ihr mein Glas zu.

Nach einem herzlichem Abschied verlassen wir San Bello. Die Einladung, wieder zu kommen, nehmen wir sehr gerne an. Bereits im Herbst des gleichen Jahres betreten wir erneut die engen Gassen San Bellos und dürfen bei dieser Gelegenheit auch Signora Zita Cipriani – die Ehefrau «Giuanìns» – kennenlernen. Luigi erfährt wiederum telefonisch von unserem Besuch und freut sich sichtlich, uns wieder zu sehen. Wieder dürfen wir uns in der Wohnküche an den Tisch setzen und von Begebenheiten aus längst vergangenen Zeiten erfahren.

Sommer 2004
In Begleitung meines Sohnes fahre ich nach San Bello. Angela Della Nave ist von ihrer schweren Krankheit bereits stark gezeichnet. Sie hört kaum noch, sodass ich mich ihr in schriftlicher Form mitteilen muss. Mit immer noch wachem Verstand erinnert sie sich an verschiedenste Begebenheiten aus der Kriegzeit.
«Wissen Sie, ich verfolge immer noch täglich die Fernseh-Nachrichten; auch wenn ich den Apparat so laut aufdrehen muss, dass ganz San Bello mithören könnte, wenn es denn hier – ausserhalb der wenigen Sommerwochen – noch andere Leute gäbe.» Wieder ernst werdend, fährt Angiolina fort: «Es deprimiert mich, zu sehen, dass in der heutigen Zeit immer noch versucht wird, Probleme mit dem untauglichen Mittel Krieg zu lösen.» Signora Angela ermüdet sehr rasch. Als wir uns verabschieden, ahne ich, dass dies unser letztes Gespräch gewesen sein könnte.

Mai 2005
Mein Klopfen an der Türe der Wohnküche bleibt unbeantwortet. Auf dem Dorfplatz begegne ich einer Frau, welche mir mitteilt, dass sich Angiolinas Gesundheitszustand verschlechtert habe und sie nun bei ihrem Bruder Lodovico in Ponte di Ganda wohne. Besorgt lenke ich das Auto an der Brücke vorbei und halte Ausschau nach dem Hause Lodovico Della Naves. Vor einer Garage werkelt ein älterer Mann in einem ölverschmierten Overall an einem Velo herum. Ich öffne das Seitenfenster und frage ihn, ob er Lodovico Della Nave kenne. «Ja, sicher!», antwortet der Mann mit einem verschmitzten und zugleich fragenden Lächeln. «Er steht vor Ihnen!» Ich parkiere am Strassenrand und werde von Signor Della Nave ins Haus geführt. Kaum hat mich seine Ehefrau, Signora Carmen, begrüsst, schlägt sie die Hände über dem Kopf zusammen und klagt: «Vico, wie siehst du aus!» An mich gewandt, lächelt sie: «Wissen Sie, so ist er

halt, mein Vico. Schon seit jeher werkelt er immer irgendwo herum und ist abends kaum mehr sauber zu kriegen!»
Schliesslich führen mich Carmen und Vico in Angiolinas Zimmer. Bedrückt schauen wir auf die schlafende, abgemagerte Frau. Vico wendet sich mir zu und flüstert: «Meine arme Schwester; ihr kann niemand mehr helfen.» Damit spricht er unser aller Gedanken aus ...
Zurück im Wohnzimmer, treffen wir auf Luigi Della Nave. Er ist gekommen, um nach seiner Schwester zu sehen. Signora Carmen braut einen Kaffee, wir setzen uns an den Tisch. Luigi und Vico erzählen, Carmen ergänzt deren Berichte mit Fotos aus dem Familienalbum. Als Signora Carmen nach geraumer Zeit zusätzlich eine grosse Schachtel mit Fotos aus einem Schrank holt, wird es den beiden Brüdern zu viel: «Signor Marco, Sie entschuldigen Luigi und mich. Unsere Freunde erwarten uns zum täglichen Kartenspiel! Aber wir sehen uns sicher bald wieder.» In gespielter Verzweiflung verdreht Signora Carmen die Augen, während sich die beiden Brüder Richtung Morbegno davonmachen.
Drei Monate nach diesem Besuch legen meine Frau und ich Blumen auf Angela Della Naves Grab. Sie ruht auf dem Friedhof von Campovico, dort, wo auch ihre Eltern beigesetzt sind.

April 2007

Etwas zaghaft klingle ich am Eingang des modernen Mehrfamilienhauses in Morbegno. Leider ist die Tür verschlossen, sodass ich der nur schwer verständlichen, fragenden Stimme aus der Gegensprechanlage antworten muss. «Sono Marco, lo Svizzero», lautet meine eher unbeholfene Antwort. Zu meiner Überraschung wird die verglaste Tür umgehend mit leisem Schnarren entriegelt. Ich steige die Treppen in den zweiten Stock hoch. Obwohl beinahe vier Jahre seit unserer letzten Begegnung vergangen sind,

Ponte di Ganda. Luigi (links) und sein Bruder Lodovico (Vico).

erkennt mich Signora Zita, welche mich vor ihrer Wohnung erwartet, sofort wieder. Insgeheim hatte ich gehofft, auch ihren Mann, Giovanni Della Nave, anzutreffen. Signora Zita teilt mir jedoch mit, dass sich «Giuanìn» morgens oft mit seinen Freunden im Zentrum Morbegnos zu einem Apéritiv treffe. Nachdem mir Zita Cipriani ihre Wohnung mit den zahlreichen Bildern und Fotos an den Wänden gezeigt hat, erzähle ich ihr von meinem Buchprojekt. Sie ist erfreut

und gleichzeitig überrascht von der Tatsache, dass ich mich immer noch mit der Geschichte der Familien Zimet und Della Nave auseinandersetze.
Signora Zita besteht darauf, mir einige zeitgenössische Fotos der Familie Zimet mitzugeben. «Vielleicht können Sie diese Bilder für Ihr Buch verwenden.» Und ob ich dafür Verwendung habe! Ich entgegne ihr, dass ich es lieber hätte, wenn auch Signor Giovanni sein Einverständnis dazu geben würde. Zita schaut mich lächelnd an: «Signor Marco, wir sind nun schon seit 62 Jahren verheiratet. Stellen Sie sich vor: Als wir unmittelbar nach Kriegsende geheiratet haben, musste uns die Nachbarin sogar eine Bettdecke ausleihen. Wir hatten buchstäblich nichts. Nach und nach hat sich dies geändert; Sie sehen, wir müssen nicht darben. Doch schon damals – als wir noch mausarm waren – spürte ich etwas in mir, das sich bis heute nicht geändert hat: Ein Gefühl der Dankbarkeit und der inneren Ruhe. Bereits als Mädchen habe ich gehofft, einen gütigen, lieben Mann zu finden. Dieser Wunsch ist in Erfüllung gegangen.
Nehmen Sie die Fotos ruhig mit. Sie sind bei Ihnen in besten Händen. Und was das Einverständnis meines Mannes Giuanìn betrifft: Machen Sie sich keine Sorgen! Er vertraut mir und meinen Entscheidungen. Diese Fotos sollen Ihnen zugleich jedoch Verpflichtung sein, im Sommer an diesen Ort zurückzukehren!» Ich schaue die verschmitzt lächelnde, zierliche Frau an und entgegne: «Sehr gerne, Signora Zita!»

Mai 2007

Luigi Della Nave fällt es sichtlich schwer, zu sprechen. «Wissen Sie, jedes Mal, wenn ich an diesem Ort stehe, verschlägt es mir die Sprache. Schauen Sie, ich bekomme noch heute Gänsehaut, wenn ich an dieses Ereignis denke!» Nachdenklich schaue ich mich um. Unmittelbar neben uns brausen Autos und Motorräder auf der breiten, asphaltierten Strasse bergwärts. Signor Luigi steht genau an dem Ort, an dem er beim Kastaniensammeln mit Filippo Zimet die verhängnisvolle Begegnung mit den Männern der SS sowie den Schwarzhemden erlebt hatte. Unter uns liegt – im warmen Sonnenschein – San Bello. Luigi geht voraus, ich folge ihm auf dem gewundenen, schmalen Pfad. Schon stehen wir zwischen den Rebstöcken im Garten hinter dem Haus. Geduldig öffnet Signor Luigi die diversen Lokale, damit ich, einmal mehr, meine Fotos schiessen kann. Danach setzen wir uns auf die Holzbank in der «Käsekammer». «Vico und ich», erzählt Luigi, «waren damals noch Buben. Unmittelbar nach Kriegsende – die Zimets waren noch nicht abgereist – fragte mich Vico zaghaft, ob ich gewusst hätte, dass Regina und ihre Eltern deutsche Juden seien. Als ich bejahte und ihm die gleiche Frage stellte, nickte er ebenfalls. Stellen Sie sich vor: Nicht einmal unter uns Geschwistern hatten wir es gewagt, darüber zu sprechen; geschweige denn, dieses Geheimnis Fremden gegenüber auszuplaudern! Wir waren, wie gesagt, noch Kinder – und doch irgendwie bereits erwachsen.»

«Signor Luigi», spreche ich mein nachdenkliches Gegenüber nach einer Weile an, «darf ich Sie um einen Gefallen bitten?» Auf seinen fragenden Blick hin fahre ich fort: «Ich hätte gerne ein Erinnerungsstück aus San Bello nach Hause mitgebracht. Etwas, das mich stets an diesen Ort und die Familie Della Nave erinnern soll.» Luigi schaut mich überrascht und verunsichert an. «Was kann ich Ihnen mitgeben? Es ist nichts mehr da! Hier wohnt niemand mehr, seit meine Schwester Angela gestorben ist. Wir müssten nach Morbegno in meine Wohnung fahren und ...» «Nein, Signor Luigi», unterbreche ich ihn, «es sollte etwas aus San Bello sein!» Ratlos zeigt Luigi Della Nave auf die in der «Käsekammer» deponierten Utensilien: «Falls Sie hier etwas Passendes finden sollten: Wählen Sie ruhig aus!» Ich ignoriere

San Bello. Luigi Della Nave exakt an der Stelle, wo er und Fiskel Zimet beim Kastaniensammeln von SS-Leuten und Schwarzhemden angehalten wurden.

jedoch die Sicheln, Rechen, Messer, Schalen und anderen Gegenstände, welche sich im Zimmerchen befinden und trete ins Freie. «Ich habe eigentlich an etwas gedacht, das gedeiht und wächst; etwas, das ‹weiterleben› soll wie die Erinnerung an die Geschichte der Familien Zimet und Della Nave.» Auf Luigis verständnislosen Blick hin fahre ich fort: «Dieser riesige Salbeistrauch dort an der Mauer; wie alt mag er wohl sein, Signor Luigi?» Da blitzt es verständnisvoll in seinen Augen auf: «Ich weiss nur, dass dieser Strauch schon seit ewigen Zeiten hier wächst. Ich werde

Zita Cipriani mit ihrem Mann Giovanni (Giuanìn) Della Nave in Morbegno.

einen Teil davon ausgraben und Ihnen in einem Topf mitgeben.» Pragmatisch ergänzt Luigi Della Nave: «Die Salbeipflanze wird in Ihrem Garten gedeihen und Sie beim Essen eines entsprechend gewürzten Bratens an San Bello erinnern!»

Als Luigi sich einen Spaten greifen und sogleich an die Arbeit machen will, lege ich ihm meine Hand auf den Arm und entgegne: «Wenn Sie mir gestatten, möchte ich diese Arbeit selber verrichten. Heute fehlt mir jedoch die Zeit, da meine Frau in Morbegno auf mich wartet.» Signor Luigi zögert einen Moment, stellt den Spaten an die Wand und nickt. «Allerdings müssten Sie für diese ‹Arbeit› nochmals nach San Bello fahren!» Ich schaue den bescheidenen, ruhigen Mann – der mir so vertraut geworden ist – an und entgegne: «Ich werde San Bello sehr gerne wieder besuchen, Signor Luigi!»

Juni 2007

Ich halte den gelben Umschlag mit den zeitgenössischen Fotos wie einen kostbaren Schatz in den Händen, als ich auf den Klingelknopf neben den Namen «Zita Cipriani/Giovanni Della Nave» drücke. Zu meiner Überraschung lässt sich eine resolute Männerstimme vernehmen. Der Schwiegersohn Zitas? Ich stelle mich via Gegensprechanlage vor und teile dem Unbekannten mit, dass ich Signora Zita die ausgeliehenen Fotos zurückbringen möchte. «Steigen Sie in den zweiten Stock hoch!», fordert mich die Stimme auf.

Und schon stehe ich vor – Giovanni Della Nave! Der mittlerweile 86-jährige «Giuanìn» mustert mich zurückhaltend und bittet mich in seine Wohnung. Bevor ich mich ihm persönlich vorstellen und den Grund meines Besuches erläutern kann, unterbricht mich der rüstige Mann: «Moment bitte, ich muss in die Küche. Die Pilze brennen sonst an!» So stehe ich eine ganze Weile in der Diele und schaue zu, wie Giovanni Della Nave schweigend seine Steinpilze zubereitet. Schliesslich wendet er sich mir zu, sodass ich ihm die Fotos zurückgeben und mich kurz vorstellen kann. «Ja, ja, meine Frau hat mir von Ihnen erzählt. Sie ist jedoch einkaufen gegangen, sollte jedoch bald wieder hier sein. Wenn Sie wollen, können Sie in einer halben Stunde nochmals vorbeischauen.» So befinde ich mich unversehens wieder auf der Strasse und überlege, wie ich die Wartezeit überbrücken könnte. In diesem Moment biegt Signora Zita um die Hausecke. Nach herzlicher Begrüssung erzähle ich ihr von der Begegnung mit ihrem Manne. «Wissen Sie, Signor Marco, mein Mann hört sehr schlecht. Deshalb ist er meist kurz angebunden und irritiert, wenn er fremden Leuten begegnet. Kommen Sie ruhig mit hinauf. Wenn ich dabei bin, wird er sicher auftauen!» Zu meiner Erleichterung fühlt sich der betagte Mann im Beisein seiner Frau tatsächlich sichtlich wohler. Entspannt unterhalte ich mich

mit Signor Giovanni über Steinpilze, das nur wenige Kilometer entfernte Heimatdorf meiner Mutter sowie die Besuche in San Bello. Als ich für einige Sätze in den örtlichen Dialekt wechsle, huscht ein erfreutes Lächeln über Giuanìns Gesicht. Ich erzähle ihm von meinem Buchprojekt und überreiche dem Ehepaar ein Exemplar des «Bündner Kalenders 2007», in dem die Geschichte der Regina Zimet auszugsweise abgedruckt ist. Signora Zita betrachtet interessiert die Fotos, welche meinen Artikel ergänzen. Signor Giovanni sitzt neben seiner Frau und spricht – mehr zu sich selbst: «Es war eine schwere und schlimme Zeit, damals.» Ich ahne, dass er sich diesbezüglich nicht weiter äussern möchte. Es duftet verführerisch nach Risotto und Steinpilzen. Das Ehepaar Della Nave erwartet den Besuch ihrer Tochter und ihrer Enkelin. Es ist Zeit, aufzubrechen. Signor Giovanni zückt seine Brieftasche und brummt: «Sie haben uns – nebst den ausgeliehenen, zeitgenössischen Bildern – auch aktuelle Fotos von San Bello, Angiolina, Luigi und Vico mitgebracht. Was schulden wir Ihnen?» Ich veranlasse Signor Giovanni mit einer Geste, seine Brieftasche zurückzustecken und antworte: «Wenn Sie mir gestatten: lediglich einen kleinen Gefallen!» Auf die fragenden Blicke des Ehepaares hin fördere ich meinen Fotoapparat zu Tage. «Wenn Sie erlauben, Signora Zita, Signor Giovanni ...» Zita lacht und führt ihren Mann zum Sofa. Giuanìn fügt sich ergeben in sein «Schicksal»; ich darf sogar einige Fotos knipsen, welche ihn beim Zubereiten seiner geliebten Pilze zeigen.
Als ich mich verabschiede, drückt mir Giovanni Della Nave die Hand und brummt in seiner nüchternen, jedoch nicht minder herzlichen Art: «Besuchen Sie uns wieder einmal. Lassen Sie das Auto jedoch in Valle, damit wir zusammen ein Glas Wein trinken können.» «Wenn Sie mich so spontan einladen, Signor Giovanni, werde ich bestimmt – und gerne – wieder kommen», entgegne ich. «Allerdings hoffe ich, dass Sie dann Ihre Gitarre gestimmt haben!» Laut aufla-

chend und gleichzeitig abwinkend, begibt sich der betagte Herr wieder in die Küche.
Signora Zita hat den «Bündner Kalender», zu den die Familien Della Nave und Zimet betreffenden Publikationen und Dokumenten, in die Vitrine gestellt. «Es würde mich freuen, meiner Sammlung bald einmal auch ihr Buch hinzufügen zu dürfen», schmunzelt die liebenswerte Frau mit einem gewinnenden Lächeln.

Wir durften – und dürfen – im Veltlin Begegnungen und zugleich Geschichtslektionen erleben, welche für immer unvergessen bleiben werden und schlussendlich auch zu dieser Publikation geführt haben.

Anmerkungen

Im Jahre 1989 überreicht Regina Zimet – anlässlich eines ihrer regelmässigen Besuche in San Bello – dem Bibliothekar der Gemeindebibliothek Morbegno ein Buch. Es datiert aus dem Jahre 1987, ist in hebräischer Sprache geschrieben und als «Dankeschön» an die einheimische Bevölkerung gedacht. Dort bleibt es mehr oder weniger unbeachtet liegen.

Am 19. Oktober 1992 stirbt Regina Zimet und wird in Holon, nahe Tel Aviv, beigesetzt.

1997 erscheint Regina Zimets Autobiografie mit dem Titel «Jenseits der Brücke» in deutscher Sprache (»Jenseits der Brücke», Internationales Kulturwerk, D-31135 Hildesheim). Die – sprachlich und sachlich leider sehr unbefriedigende und fehlerhafte – deutsche Ausgabe ist nicht mehr erhältlich.

Im Jahre 2000 wird Regina Zimets Autobiografie unter dem Titel «Al di là del ponte» in Morbegno präsentiert. Die kleine Auflage ist ausschliesslich der einheimischen Bevölkerung vorbehalten. Als Dank an die Einwohner Morbegnos gedacht, stossen Reginas Erinnerungen jedoch bald über die Provinz Sondrio hinaus auf reges Interesse.

Im September 2002 sichert sich der renommierte Verlag «Garzanti» die Rechte und veröffentlicht im Januar 2003 eine erste Auflage (»Al di là del ponte», Garzanti libri s.p.a. ISBN 978-8-811665-32-8).

Am 10. September 2002 werden Giovanni und Mariangela Della Nave mit dem Orden «Gerechte unter den Völkern» posthum geehrt. Die Ehrung als »Gerechte unter den

Völkern» erkennt der Staat Israel denjenigen zu, die in selbstloser Weise gehandelt haben, um Juden zu retten. Ihre Namen erscheinen auf der «Mauer der Gerechten» (nationale Gedenkstätte Yad Vashem, Jerusalem).

Am 4. Juni 2003 dürfen die Nachkommen von Giovanni und Mariangela Della Nave, anlässlich einer Zeremonie im Rathaus von Morbegno, die «Yad-Vashem-Medaille» in Empfang nehmen.